# torcal
## Habitantes del tiempo
### Una historia humana

FRANCISCO JAVIER RODRÍGUEZ

Serendipia

Edita:
Serendipia Editorial, S.L.
www.serendipiaeditorial.com
contacto@serendipiaeditorial.com

Una edición de:
Serendipia Editorial

Diseño y maquetación:
Las Ideas del Ático

Producción e impresión:
Las Ideas del Ático

ISBN:
978-84-19793-94-2

Depósito legal:
CR 225-2025

Primera edición en castellano:
Serendipia Editorial, marzo de 2025

Impreso en España

# ÍNDICE

# Prólogo

Nos dice Francisco Javier Rodríguez, el autor de este libro, que se decidió a conocer en profundidad El Torcal de Antequera el día que echó una parrafada larga con un pastor de esos de los que ejercían su oficio a la vieja usanza por aquellos lares. Y, fíjese, querido lector, que quiso hacerlo escuchando las historias de las gentes de esta tierra, El Torcal, a la manera de los antiguos, escuchando mucho, hablando poco. Sabia elección, en mi opinión.

Y es que las páginas de este libro describen lugares casi mágicos de la mejor manera posible, a través de las historias de personajes que también un poco mágicos son. Escribe el autor en un momento que *"así era el Torcal, bello y fiero a la vez"*, pero no se llega a una conclusión como esta únicamente a través de la observación, de la mirada de un turista. Más bien al contrario, Francisco quiere profundizar, no quedarse en la superficie y, por ello, dedica tiempo a escuchar y recabar testimonios, a ser posible, siempre de primera mano. Después, al ponerlo negro sobre blanco, no disfraza las historias, no las maquilla, sino que las traslada al lector con sencillez y pulcritud, respetando los motes de los personajes (el Blas, el Caqui, el Lobo, el Sietecuellos…), hablando de sus oficios, de sus acciones, afanes y miserias, que las hay, usando su propio vocabulario lleno de localismos, transpirando autenticidad. Quizás sea ese uno de los mejores atributos de estas páginas: la autenticidad. Y no es el único.

Da testimonio este libro de un tiempo y unas gentes que nunca volverán, pero que nos ayudan a entender quiénes somos hoy en día, de dónde venimos, por qué somos como somos. La aspereza de la vida en el campo, la necesidad del compromiso y la renuncia a tantas cosas a cambio de un mal pasar por la vida que incluía la humilde pero incierta promesa de poder poner cada día un plato en la mesa no han desaparecido del todo, aunque sí se han atenuado significativamente. Y, sin embargo, nunca entenderemos del todo el campo de hoy en día si no dedicamos un tiempo a conocer el campo de entonces, la vida de privaciones, dureza y desigualdades. Una vida de tiempos largos y esperas no siempre atendidas.

Sé que esta descripción es un tanto cruel, pero me niego a plegarme a la moda actual y trivial de los cánticos casi pastoriles y más bien un poco pueriles que tienden a idealizar la existencia en el mundo rural. Es cierto que la vida en el campo y en contacto con la naturaleza ofrece beneficios indiscutibles, incluso sanadores, pero muy a mi pesar todavía estamos lejos de las comodidades, oportunidades y, sobre todo, de los servicios mínimos necesarios que hoy en día solo ofrecen las poblaciones de un determinado tamaño. Leer los testimonios de nuestros mayores que tan pacientemente se ha dedicado a recabar el autor es una buena forma de valorar más lo que tenemos a fecha de hoy y los avances que se han conseguido.

Miguel Delibes fue también un escritor "de oído", como Francisco. Dedicaba mucho tiempo a hablar con gentes de los más diversos oficios del campo, dejando hablar, aprendiendo nuevos términos (que en realidad eran ya muy viejos) y su correcto uso. La palabra adecuada en el lugar apropiado. Esa y no otra.

Sin muchas formalidades y apoyado en su experiencia periodística fue capaz de hacer hablar a un cepero y a un agricultor; a un monje trapense y a un resinero; a un apicultor y a un molinero, por poner solo unos ejemplos. Hay bastante de eso en *Torcal. Habitantes del tiempo*.

Ahora bien, si como dijo Delibes, una novela es *"Un hombre, un paisaje y una pasión"*, en este libro el paisaje es a la vez personaje y, de hecho, protagonista. No se entienden las vicisitudes de los personajes que nos presenta el libro sin el marco natural de una comarca singular que combina belleza y dureza o, como la describió en su famoso *Cuaderno de Campo de la Naturaleza Española*, hace ya unas décadas, Miguel Delibes de Castro, el reputado científico y divulgador, hijo del escritor: "El Torcal de Antequera es como un mundo mágico, de cuento". Es mágico por su geología singular, es obvio, y también por su capacidad como refugio de biodiversidad en el entorno de zonas densamente pobladas que se han visto arrasadas por la potencia desbordante del dinero, el turismo y el ladrillo, todo a la vez.

Pero es especialmente mágico porque da testimonio de cómo las personas y, sobre todo, sus vidas, son conformadas por el paisaje, por mucho que nos empeñemos en creer lo contrario. Tierras que, por entonces, tiempos de lobos en el sur de España, eran muy difíciles de andar y mal comunicadas, que condenaban a sus habitantes a un aislamiento que haría pensar en las Hurdes extremeñas y hacían necesario un oficio, el de los "prácticos", difícil de imaginar en otros rincones de nuestro país como la ancha Castilla desde la que escribo estas líneas.

Tierras también llenas de fincas y de ganado, de jornaleros y de amos, en las que pervivían tipos nada lejanos de nuestro humilde y querido Paco el Bajo, ni del bastante menos querido y nada humilde Señorito Iván, ambos personajes de *Los Santos Inocentes de* Delibes. Tierras por las que pululan bandoleros que se echan al monte, como el Chirri, y que nos recuerdan al Fendetestas de *El Bosque Animado,* de Wenceslao Fernández Flórez. Montañas por cuyas trochas se escurren con sigilo estraperlistas y guerrilleros, haciendo de las suyas, como en *El Mundo de Juan Lobón,* de Luis Berenguer. Paisajes que pueden modelar a hombres y mujeres aguerridos, como Alfonso Conejo y María la de la Alhaja, o simplemente buenos, como Frasquito, el de Cherino, pero que también pueden hacer aflorar miseria y ruindad, pues de ese barro también está hecha la condición humana. Tierras de lobos, insisto, sobre todo en aquellos tiempos.

Capítulo aparte merecen las sacudidas que la Guerra Civil dejó en esta sierra. Mandos de uno y otro bando que apuntan a la cuenta de la guerra, como si de una barra libre se tratara, terribles desmanes y tropelías más propios de delincuentes que de militares. O el hambre siempre presente en las familias largas donde un hijo es, antes que nada, otro par de brazos que pronto, demasiado pronto, deben empezar a aportar al común. Sin olvidar esas cuevas que debiendo ser, sobre todo, refugio de pastores, la guerra convirtió en osarios de caídos en la refriega o en las revanchas de ambos lados. Todo ello lo relata Francisco sin cargar las tintas, dando protagonismo a los testigos no tan lejanos de aquellos tiempos, en lugar de darle al lector conclusiones previamente masticadas.

Hay también lugar en estas páginas que les anticipo para hablar del rol tan importante de la Guardia Civil como casi la única institución en representación del Estado en un mundo pequeño y de difícil gobierno que parecía lejano de todo. Igual que también en el libro encuentra el autor espacio para describir el papel de las ferias de ganado que, como aquellas medievales de Medina del Campo o de Zafra, eran mucho más que un lugar de compra y venta de reses. Eran un acontecimiento social y de apertura de toda la comarca a lo que venía de fuera, auténticos eventos de modesta generación de riqueza no solo económica, sino también social y cultural a través del comercio, aun cuando solo fuera por el intercambio y la diversidad que propiciaban en comarcas habitualmente encerradas en sí mismas, como en los albores de la Humanidad. Si a la importancia del comercio, aunque sea a pequeña escala, unimos la transmisión oral de la historia y del conocimiento que aquí, escuchando a los mayores, aparece tan bien documentada, no quedarán defraudados los lectores que se acerquen a esta obra con una cierta curiosidad antropológica.

En definitiva, y con el ánimo de no extenderme más, creo que la percepción que se impone cuando uno se sumerge en las páginas de este libro es la de que se está ofreciendo ante sus ojos la visión de un paisaje en el que, más que naturaleza, lo que se observa es un complejo entramado de personajes los cuales, considerados individualmente, son muy interesantes, pero que vistos de manera coral e imbuidos en ese entorno natural, misterioso y mágico, constituyen una magnífica descripción de una comarca, de una época y de una sociedad que necesitamos entender para entendernos a nosotros mismos.

*Valladolid, 28 de diciembre de 2024.*

Fernando Zamácola Feijóo
*Director de la Fundación Miguel Delibes*

# P<small>RESENTACIÓN</small>

*Francisco Raíces, el Blas, vigilaba sereno su rebaño. [Foto: Tony Smallman]*

Todo comenzó una fría mañana de invierno en las cumbres de El Torcal de Antequera. Aquel pastor se erigía vigilante en su atalaya sin perder de vista el rebaño que apacentaba. Al poco tiempo departíamos acerca de aquel mundo rural, un modo de vida que desde siempre me había cautivado.

Tan sincero testimonio dibujaba a la perfección el retrato, el testimonio puro de una forma de vida enraizada en la tierra, de amor por los animales y por el trabajo bien hecho. Tal vez sean los hombres y mujeres del campo quienes salvaguarden hoy una más intensa comunión con los ciclos de la vida y la esencia pura de la sierra.

En la montaña de las torcas, como aludía a ella el padre Cabrera[1], aún pervive el oficio ancestral donde animales, hombres y paisaje firmaron una antiquísima alianza. Aquí se mantiene viva una milenaria relación natural sin cambios significativos desde hace siglos.

Desde aquel día decidí conocer en profundidad los relatos de la comunidad de habitantes del Torcal. No siempre se tiene la grata oportunidad de entrar en las vidas de personas tan enraizadas a la tierra, pero yo tuve esa fortuna. Me abrieron sus puertas con la mayor hospitalidad del mundo. Solo entonces pude acceder a los secretos y testimonios que allí me desvelaron. Descubrí que guardaban cosas sorprendentes en su zurrón, historias que desconocía. Me convertí de la noche a la mañana en cronista de aquellas vidas anónimas.

"El verdadero acto del descubrimiento no consiste en salir a buscar nuevas tierras, sino en aprender a ver la vieja tierra con nuevos ojos". Coincidiendo con la hermosa afirmación de Marcel Proust, a través de estos moradores serranos aprendí a mirar el Torcal desde otro punto de vista.

El devenir contemporáneo de estas personas en la sierra no se entendería de no retroceder varias generaciones en el tiempo. Los de antes sí que eran pastores de raza, todos lo dicen. Lo llevaban en la sangre y lo mamaron desde niños. Más de uno se nutrió, en su más tierna infancia, chupando directamente la leche dulzona de las gordas ubres de una cabra nodriza. Con la desaparición de aquellos pastores pata negra se rompió el molde para siempre.

Cualquier parroquiano en derredor te señalará, como referentes indudables del buen hacer de antaño en el mundo pastoril, al Patarra, el Culón o el Capacha. Se quitan la gorra al recordarlos.

Aquellos tipos rústicos seguían los procedimientos y saberes tradicionales, y se desvivían por su ganado. Fueron los últimos representantes de aquella forma de hacer su trabajo con sudor y lágrimas. Hoy ya no se hacen de aquella madera.

---

1.- De Cabrera, F. (1679). *Descripción de la fundación, antigüedad, lustre, grandezas de la muy noble ciudad de Antequera.*

Un antiguo retrato en blanco y negro presidió largo tiempo el primer Centro de Visitantes del paraje. En él, los tres personajes posaban hieráticos junto al rebaño, tan rústicos como la sierra que los parió. Ellos conocieron mil historias y vivieron los tiempos más duros del lugar.

Constituían un puñado de familias, antiguas estirpes serranas que clavaron allí sus raíces en un tiempo en que todo era distinto. Algunos de sus patriarcas aún sobreviven —hoy con avanzada edad y, en gran parte, ya perdida su memoria—. Corado o el Caqui son testigos vivientes de aquella época.

En el Torcal, para casi toda piedra hay un nombre, para cada callejón una historia y para cada viejo habitante una memoria viva llena de recuerdos que atesora en su mugriento morral.

¿Por qué las vidas corrientes de esta sencilla comunidad de humildes habitantes de la sierra habrían de despertar nuestra atención? ¿Merecen convertirse en personajes de una obra coral e hilvanar con sus vidas una vívida narración?

Personajes, en definitiva, que emanan por los cuatro costados un profundo amor por el campo y una proverbial tradición por su oficio. Hicieron suyos los ciclos y el calendario de la naturaleza. La reverencia a sus mayores la llevan por bandera. Pero entre todas sus virtudes sobresale la sencillez y humildad, aquella que caracteriza a quienes saben discernir la autenticidad de lo falso.

Sus testimonios y experiencias constituyen la memoria, la identidad de un mundo rural que agoniza. Es de justicia transmitirlos a las siguientes generaciones para que todo ese acerbo cultural no se pierda carcomido por la polilla del olvido. Al igual que el árbol centenario, cuando muere uno de estos veteranos hombres y mujeres de la sierra, se va con él a la tumba un registro de la memoria: topónimos, rincones, mil historias. Toda una vida de recuerdos, una auténtica ventana al pasado. "Cuando un anciano muere, una biblioteca arde", reza el antiguo refrán africano. Evitemos lamentar la pérdida de su memoria.

Algunos ya nos dejaron, pero no se han ido del todo. "Porque mientras los nombremos y contemos sus historias, nuestros muertos nunca mueren"[2].

---

2.- Sepúlveda, L. (2008). *La Lámpara de Aladino*. Barcelona, Tusquets Editores.

Su relación de amor con la Sierra del Torcal constituye un relato cautivador. Este paisanaje protagoniza, en ocasiones, hermosas fábulas junto a sus animales que rematan en auténticas moralejas.

Ellos son animales de costumbres. Meticulosos en sus hábitos hasta el extremo, guardan un marcado sentido de pertenencia a la tierra. "Vive de lo que tienes, ni pidas ni regales" podría ser su máxima. Son receptores de la transmisión oral de sus ancestros, memorias que, de no ser recogidas, se perderían para siempre.

Con este libro he pretendido ser un mero transmisor, un modesto cronista de tales conocimientos y experiencias, historias que merecían ser contadas. Mi humilde labor consistió en recabar sus vibrantes testimonios, aunarlos y construir con ellos un respetuoso relato sobre el devenir de este antiguo mundo que hoy se desvanece difuminado tras el polvo del tiempo.

La presente obra es el inicio de un proyecto aún más amplio, de un conjunto de materiales actualmente en fase de redacción que esperan ver la luz. Historias que continuarán en próximas publicaciones.

El período que transcurre a lo largo del pasado siglo XX hasta la posguerra es una etapa trascendental en la vida de los habitantes del Torcal. Es la crónica de su singladura humana en esta montaña del sur de España en torno a cuatro generaciones compartiendo en un mismo espacio una antigua forma de vida. Sobre ellos transcurre esta historia.

Todos los hechos aquí narrados constituyen historias verídicas, contadas de viva voz por sus verdaderos protagonistas, o por aquellos parroquianos que presenciaron, vieron u oyeron tales episodios.

Esta es la historia de una montaña, el Torcal de Antequera, vista a través de los ojos de sus protagonistas, los habitantes que durante varias generaciones medraron y sobrevivieron, padecieron y vivieron en esta vieja tierra a lo largo del tiempo.

Les invito a acompañarme en esta aventura por las mil trochas del Torcal. Abran bien los ojos y los sentidos, descubramos juntos el devenir y los días de las viejas sagas cuyas vidas se entrecruzaron sobre la faz de esta bendita sierra. Vivamos la grata aventura de adentrarnos en su mundo. Nos sorprenderán a cada vuelta del camino. Sirva este libro como humilde homenaje a sus vidas.

# 1

## MEMORIA DE UN VIEJO PASTOR

*Mi padre era José el Caqui,
y al padre de mi padre le decían el Caqui.*

Sentado a la puerta de su casilla serrana, Lorenzo el Caqui, el viejo pastor, alimenta a biberón a un cordero recién abandonado por su madre. Partos triples se suceden con frecuencia merced a estos nutritivos pastos serranos, y como tan solo dos son las mamas de la borrega, tres corderos son ya multitud.

*Lorenzo el Caqui atesora la memoria oral viva de El Torcal de Antequera.*
*[Foto: Tony Smallman]*

Pastor y madre nodriza a tiempo completo. Con el retoño sobre su regazo, la imaginación de Lorenzo vuela rememorando su niñez sobre las cumbres de esta antigua montaña, la Sierra del Torcal. La memoria... esa prodigiosa ventana al pasado.

Su historia es un retrato vivo que encarna las vidas de todos los pastores y moradores que nacieron y murieron enraizados a esta antigua tierra. Un relato coral, secular y eterno que aún hoy pervive entre nosotros.

Esta es su historia.

Todo comienza una fría mañana de invierno en las cumbres del Torcal. El pequeño Lorenzo, con tan solo cinco años, conduce el rebaño de ovinas de su amo, don Alfonso Conejo. Hoy faltó el pastor de la finca, La Fuenfría, y el crío lo sustituye. Costerón arriba, trepa con su rebaño la Sierra de Chimeneas, alcanzando el umbral de la Cueva de La Caldera. El hambre aprieta y el zagal rebusca leña fina para encender una candela.

—Pondré la merienda a calentar— piensa, mientras echa mano a las viandas que porta al morral.

Se adentra en la oquedad y, en la penumbra, un objeto llama poderosamente su atención: una vieja bota abandonada. Muerto de curiosidad, se acerca a observarla. Cuál será su sorpresa cuando descubre que el recipiente no viene vacío. Un hueso se aloja en su interior: el pie de su propietario. Un pobre diablo, asesinado, como tantos otros inocentes, en la contienda que en ese preciso momento está rompiendo España en dos.

Abajo, el propio cortijo de La Fuenfría había albergado años antes el cuartel del bando republicano. Frente por frente, en la colina que se divisaba al otro lado del valle, el Cerro del Espartal es donde se parapeta el frente franquista. Enemigos encarnizados a un tiro de piedra.

Cuentan los viejos del lugar que al mando republicano se encontraba a la sazón un capitán endiablado de excelente puntería, pero de una maldad inenarrable. Aquel hijo de Satanás disfrutaba incluso asesinando soldados de su propio bando. ¡Qué más daba! ¡Había más!

Tan tétrica visión jamás se borrará de la memoria de Lorenzo el Caqui. A su lado yacían los huesos de aquel pobre diablo, cuya presencia aquel niño no alcanzaba a comprender. Más tarde conocería que la Cueva de la Caldera fue destinada como osario donde serían desparramados, de modo execrable, los cuerpos de aquellos desdichados. ¡Pobres almas!

Lorenzo cierra hoy sus cansados ojos.

—Aún andan ahí huesos rociados.

Los está viendo. Blancos despojos. Testigos mudos de aquella barbarie. De pronto, sobre la cabeza del rapaz los cielos se encapotan. Al poco, una fría y densa niebla mortecina lo envuelve todo. La lúgubre escena que acababa de presenciar pedía a gritos un final así de sobrecogedor. Amenaza tormenta. Las borregas, movidas por su instinto, echan a trotar montaña abajo huyendo despavoridas de las tinieblas hacia la cálida seguridad de su establo.

Aquel día, el Caqui, allá arriba, en lo más alto de la sierra, se sintió por primera vez solo, inmensamente solo. Como si hubiese visto al mismísimo diablo en la puerta de la Caldera, arrancó a correr y salió disparado tras los pasos de sus ovejas, ansiando, aterrado, el cálido regazo de sus padres.

De esta historia han pasado ya más de ochenta años, pero el viejo pastor la recuerda vívidamente como si hubiese sido ayer.

El Caqui es un libro viviente sobre la historia humana del Torcal, comentan los vecinos. Las páginas más antiguas, no escritas, transmitidas sobre las vidas de sus habitantes, parentescos e historias protagonizadas por sagas de pastores y ganaderos serranos. Todas ellas grabadas en su privilegiada memoria. Cualesquiera de los moradores del lugar te indicarán al veterano pastor como referencia viviente. Atesora en su recuerdo cientos de narraciones que entretejen una tupida red acerca de la vida pastoril y sus sagas familiares, con episodios alegres y otros muy dramáticos.

Pero la historia pastoril reciente en la Sierra del Torcal se remonta a generaciones atrás. Retrocedamos y hagamos un plácido viaje en el tiempo por las vidas de sus auténticos protagonistas.

# 2

# AMANECE UN NUEVO SIGLO

*Amanece una nueva centuria sobre estas montañas. [Foto: Tony Smallman]*

En los albores del siglo XX, una gran parte de la superficie de esta sierra, El Torcal, despertaba envuelta por los brazos de un único gran propietario. Era su vasta pradera ganadera extensiva, herencia de aquellas ventas de montes a manos privadas durante las desamortizaciones decimonónicas realizadas tras siglos en manos públicas.

En los territorios al sur del macizo, los albores del nuevo siglo serían atravesados por la figura de un personaje desconocido: un pionero que marcaría el devenir de la ganadería en la zona meridional de esta sierra. Imprimirá, para los anales de la historia de este territorio, el sello de un linaje, una familia cuyos descendientes protagonizarán la evolución de estas tierras del mediodía torcaleño.

Todo se inicia con una historia de amor. Amor profundo por una tierra y por un viejo oficio.

Aquel día llegó a estos predios un hombre con las ideas muy claras. Francisco Corado Martín acariciaba un ambicioso anhelo. Deseaba adquirir amplias tierras y establecer una fructífera explotación agropecuaria. Sin saberlo, el abuelo Corado estaba sembrando el germen de lo que con el tiempo se convertiría, a través de su prolífica descendencia, en una larga tradición familiar de ganaderos de amplias ramificaciones.

*El pionero Corado tuvo una visión que, con el tiempo, fructificó prolíficamente.*
*[Foto: el autor]*

Al poco, aquel visionario estaba firmando el acuerdo de compra de dos pequeñas extensiones a los pies de estas montañas: Las Monjas y Zapata. Constituirían el punto de inicio que daría comienzo a toda esta historia. Sin embargo, la ambición de Corado no quedaba ahí, pues anhelaba hacerse con el corazón de la gran finca matriz: La Alhaja, cuya superficie rozaba las novecientas fanegas de tierra fértil y pastos.

Fueron aquellas unas caras transacciones, pero merecieron la pena, el avispado ganadero nunca tuvo la menor duda. Al fin era dueño de aquellas tierras tan prometedoras que con tanto afán deseó. Pronto vería abundantes cosechas brotar y rebaños trotando sobre sus praderías.

Poco tiempo después, contrajo nupcias con una joven perteneciente a la vecina familia de los Ligero, propietaria de las tierras colindantes. Y es que también los Ligero tuvieron mucho que ver con esta hermosa historia ganadera, pues se trataba de una de las sagas que más se alejaba en el tiempo, perviviendo aún en la memoria de los más viejos del lugar.

A lo largo de los años, la pareja continuó adquiriendo fincas anexas, incrementando su rico patrimonio y funcionando como una eficiente empresa familiar agropecuaria. Estrategia de agregaciones parcelarias que, protagonizada por ricas familias de poder, se repetiría a lo largo de la historia de la sierra durante el siglo XX.

Pero, al igual que todo en esta vida, aquella única y extensa propiedad llegó a su fin. Los viejos partirían, era ley de vida, y la siguiente generación reclamaba heredar su parte. La vasta finca matriz se quebraría en varios segregados.

*Toda una descendencia de pastores y cabreros se desparrama hoy por la sierra.*
*[Foto: Tony Smallman]*

Aquellos abuelos habían criado a dos de sus nietos, a quienes dieron tanto amor como a sus propios hijos, si no más dada su triste situación de orfandad. Eran los nietos preferidos, y participaron del generoso reparto de la herencia recibiendo los predios de Las Monjas y Zapata.

Una de aquellas suertes mantiene la memoria del patriarca que un día soñó con esta tierra llena de reses y ricos pastos. Aquel terruño que lleva hoy su nombre, Finca Corado, se enclava en las pendientes faldas de la sierra y fue el regalo del viejo para su hija.

Con el paso de los años, los descendientes de aquel linaje de raigambre ganadera transmitieron a través de las generaciones aquel modo de vida de amor a la tierra. Donde quiera que viva un Corado es raro que no haya ganado. Lo traen en la sangre. Un linaje prolífico que pervive desparramando hoy su descendencia por estos enclaves serranos, pues tal apellido se repite aquí y allá donde quiera que vayas.

\* \* \*

Por aquellos entonces, en el arranque del siglo XX, reina un inhóspito ambiente de miseria y necesidad. El Torcal se convierte en un entorno recóndito donde multitud de estraperlistas portan sus mercancías para evitar los pasos controlados donde debieran cumplir con el peso del fisco.

En aquella situación de penuria, el trigo no valía nada, con el precio por los suelos —como recuerda hoy el veterano ganadero Juan Manuel Melero—. El que iba a trabajar por un jornal no valía nada —reitera—, pues apenas percibía para comer y la tierra no producía.

Un paso obligado para dirigirse por entonces desde el sur del Torcal hasta Antequera era el puerto de las Escaleruelas. Allá arriba, en lo más alto de aquel paso, en los inicios de la centuria, hubo dispuesto para el común de los viajeros un ventorrillo que servía de avituallamiento, calentando el gaznate a más de uno, donde reponerse del cansancio y renovar fuerzas y valor para proseguir camino.

Como bien recogió el autor Clemente González de boca de cortijeros y pastores de la sierra, plasmándolo en sus escritos[3], Duarte fue el encargado de regir un pequeño ventorrillo, la Casilla de Duarte. Servía agua

---

3.- González, C. (2012). *Lecturas del Torcal de Antequera*, Ediciones del Genal.

fresca en el verano y coñac y aguardiente en el invierno a todos los viajeros que atravesaban este paso.

Tal fue la importancia secular de este paso obligado que ya lo citaron en siglos anteriores personajes de sumo interés, como añade el citado autor. Entre los apasionados viajeros románticos británicos que recorrieran, deslumbrados, esta tierra del sur, destaca Henry Swinburne, quien, en pleno invierno de 1776, ascendiendo a mitad de este puerto, encontró "la choza de un hombre encargado de reparar los desperfectos ocasionados por las caballerías en la senda misma, el cual, además, vendía aguardiente a los viajeros, muy necesitados de él en aquellas alturas y en una época tan fría" —referido por Julio Caro Baroja[4]—.

El Puerto de Las Escaleruelas era tan crucial como peligroso. Lo estrecho y sinuoso de este paso, junto a la gran soledad que allí sentían todos cuantos se atrevían a franquearlo, hizo que desde tiempo inmemorial fuese "aprovechado" por la más variada calaña de ladrones y gentes de mal vivir.

Jueves, 30 de junio de 1918. Aún es de noche. El joven campesino Juan Arrabal Ligero, con sus escasos 26 años de edad, ha arreglado bien prietas sus dos mulas de carga y partido, a lomos de su caballo, dejando atrás su casa familiar, al sur del Torcal, en el cortijo del Barranco —propiedad de aquella histórica familia de los Ligero—, cerca de Villanueva de la Concepción.

Son las seis de la madrugada y el jinete, seguido por sus bestias, comienza a despuntar en lo más alto del Puerto de las Escaleruelas. Antequera era el destino del confiado Juan Arrabal[5].

Se trata de una vereda de gran pendiente con pasos estrechos y en zigzag, trazada sobre la escarpada ladera de la sierra —orografía que responde a la perfección a la definición de una "escarihuela"—.

Inesperadamente, como saliendo de la nada, "de las hazas de trigo inmediatas al camino y a cada lado del mismo, surgieron dos hombres enmascarados" —como relata la crónica que apareció en el semanal El Sol de Antequera, y que conserva hoy como oro en paño su nieto Juan Manuel—.

---

4.- Caro, J. (1962). Málaga vista por los viajeros ingleses de los siglos XVIII y XIX. *Gibralfaro: revista del Instituto de Estudios Malagueños*, nº 14, p.7.

5.- "Robo en despoblado". (30 de junio de 1918. Reeditado en 2018, en su 100 Aniversario). *El Sol de Antequera*, nº 1.

Iban pertrechados con zurrones y escopetas en mano. Se colocaron obstaculizando su caballería. Aquellos hombres no tenían buenas intenciones, eso estaba claro. El ambiente era tenso. Cerrado el paso, Arrabal no tenía escapatoria y la fría amenaza de sus armas no podía ser más real.

—Entréganos todo cuanto llevas.

Soltó, al grito, uno de ellos.

Muerto de miedo, temió que usasen las armas. Tiempos en que bien poco valía una vida, en aquel mundo atrasado y desesperado. El bueno de Arrabal rebuscó en el bolsillo de su chaleco sacando los cinco duros que allí guardaba.

No eran bastante para el asaltante y fue conminado a echar mano del otro bolsillo... Cuatro pesetas más aparecieron.

—¡El reloj y la cadena también! ¡Rápido!

No contentos con lo reunido, "le hicieron apearse registrándolo minuciosamente" —recuerdan literalmente las crónicas—, y fruto de aquel último registro se hicieron con su cartera.

Como remate final del intimidatorio asalto, le encontraron un recóndito billete de veinte duros que celosamente había escondido en zona oculta de su cuerpo, convencido, ingenuo, de que permanecería a salvo.

—¡Continúa tu camino!

Fueron las últimas palabras que, como despedida, le dedicaron los bandidos. Desde tan malhadado día, nunca más se supo de aquel par de asaltadores de caminos, ni se recuperó peseta alguna de aquella fortuna que tanto trabajo y sudor había costado ganar a Juan Arrabal y a su hacendosa familia.

\* \* \*

Por aquel entonces, a inicios de los años veinte del pasado siglo, el acceso que comunica Antequera con la aislada zona del sur del Torcal continúa siendo el angosto Puerto de Las Escaleruelas.

La extremada peligrosidad de tan escarpado paso hace que sea preciso intervenir en él para su mejora. En ese tiempo solo es practicable a pie o a lomos de caballerías.

A finales de 1923, gobernando a la sazón Miguel Primo de Rivera, se acometen arreglos en este puerto. Es habilitado para carretas, despejando el camino a base de voladuras. Era necesario que las carretas cargadas de piedra procedentes de las canteras del Torcal pudiesen hacer el descenso con cierta seguridad.

Se oye una detonación. Miles de cascotes salen volando por los aires. Una voladura acaba de producirse. Y no será la última, pues se está trabajando a conciencia.

Mientras tanto, los habitantes de las estribaciones más sureñas del macizo permanecen totalmente aislados. Los moradores del Partido de Jeva son tal vez las principales víctimas.

"Es inhumano que más de mil quinientos habitantes hermanos nuestros estén mal viviendo, si aquello es vivir, en el mayor desamparo y en el mayor de los abandonos", clama el periódico El Sol de Antequera a inicios de la primavera de 1924[6], según recoge Clemente González en sus páginas[7].

Aquellos infelices mueren sin asistencia médica, ven a sus hijos raquíticos y cuentan con el mayor número de tuberculosos. Triste ironía "siendo aquellas alturas lo más sano, lo más higiénico de esta tierra de bendición que hasta ahora va pareciendo maldita", apostillará el decano de la prensa malagueña.

Uno de los vecinos falleció hace día y medio. Aún se encuentra su cuerpo en casa, insepulto. Su familia aguarda, desesperada, la llegada de los papeles que autoricen su santa inhumación.

Varias casas más allá, una mujer se puso de parto días atrás. No pudo ser asistida a tiempo. Cuando finalmente el médico logró llegar, la pobre mujer ya era cadáver.

"Sin escuela, sin religión, siendo aquello rico, viven paupérrimamente estas gentes que ya han perdido la esperanza de que se les considere un día como antequeranos y como españoles".

Pero hablar de la historia ganadera reciente del Torcal no es solo relatar las vidas de pastores que tragaron el polvo y sudaron la sierra, también es adentrarnos en un mundo de grandes propietarios, terratenientes, accionistas, hombres de poder a cuyo cargo trabajaban en mu-

---

6.- R.P.J. (23 de marzo de 1924). El Torcal y el partido de la sierra ¿tendrá al fin camino? ¿será ya hora de que se les atienda? *El Sol de Antequera*, n.º 19, pp. 2-3.

7.- González, C. (2012). *Lecturas del Torcal de Antequera*, Ediciones del Genal.

chos casos aquellos pastores sin rebaño propio ni hacienda. Hombres de poder que eran dueños de tierras serranas y de grandes números de cabezas de reses. Hombres de poder, en fin, que dirigían desde sus despachos los designios y destinos del mundo pastoril serrano del Torcal.

En la burguesía antequerana de comienzos del siglo XX, varias familias selectas gozaron de un acomodado estatus que les permitió gestionar recursos, tierras y bienes. Las tierras de Antequera, sus montes y sierras —y El Torcal de una manera muy destacada entre ellas— constituyeron el tablero de ajedrez donde tomaron valientes decisiones y efectuaron movimientos de estrategia que terminaron dibujando el devenir de la economía, la sociedad y las vidas de muchos habitantes del lugar.

Varias familias antequeranas de renombrado abolengo se irán haciendo con las porciones del pastel. En el año de 1929, cuatro sagas adquieren las más extensas porciones de estas heredades. Se trata de los García Berdoy, Serrailler, Bellido Checa y los Jiménez Rojas.

*  *  *

**D**urante la centuria anterior, a mitad del siglo XIX, había nacido al sur del Torcal un hombre que fue grande. Y lo sería no solo por el poder económico que alcanzó, sino, sobre todo, como recuerdan los más viejos del lugar, por su gran nobleza y corazón.

Francisco Antúnez Corado, Frasquito el de Cherino, como era conocido por estas tierras, guardaba parentesco de sangre con la sempiterna, por estas heredades, familia Corado.

De orígenes humildes, Frasquito sería el protagonista de una andadura al sur del Torcal que comenzó cuando tuvo una idea:

—Voy a tomar en arriendo el cortijo y la finca de Los Lentiscares[8].

Decisión que sería el germen de todo cuanto vino después.

Una vaca y una mula formaron su desigual yunta en aquellos modestos comienzos de labriego. Con el paso del tiempo y mucho, mucho sudor, altas ganancias y pingües beneficios alcanzó. Estrechando con fuerza la mano del propietario, selló su adquisición. Por fin, aquella anhelada finca de labor la había hecho suya.

---

8.- Benítez, J.A. (2010). *Al Sur del Torcal: un rincón de Andalucía,* Arguval.

Operación que iría repitiendo, una tras otra, con otras muchas heredades del lugar. Cuando quiso acordar, hasta catorce cortijos contaba en su haber. Vastas extensiones constituyeron sus dominios, hasta donde su vista alcanzaba, —desde Casabermeja por oriente, hasta las tierras de Álora a occidente—. De un salto pasaba de La Atalaya a La Robla, y de aquí a la enorme finca Cherino. Tal sería su apego por esta última, que tal topónimo se convertiría en el apelativo legendario con que le bautizaran sus vecinos, pasando a la historia, para propios y extraños, como Frasquito el de Cherino.

Un enorme número de reses, entre ovejas, yeguas y otros ganados, conformaban los nutridos rebaños del rico hacendado. Eran memorables las densas yeguadas que, sedientas, acudían a abrevar hasta la fuente del cortijo La Torre, edificación desde cuya altura se divisaba, tiempo atrás, el cercano Castillo de Jeva.

El bueno de Frasco nunca olvidó sus orígenes humildes. Se comportó toda su vida con una sencillez espartana. La sobria vestimenta con la que con dejadez se cubría lo hacía confundir con el más desaliñado de sus trabajadores o el más asilvestrado de sus pastores. "Veías al Cherino, y parecía el último mozo de su cortijo, por las pintas que lucía", contaría, años más tarde, el vecino Juan Pozo. Cuando visitaba a sus empleados en el lugar de trabajo, sacaba una cuchara del fondo de su bolsillo y se sentaba a comer como uno más entre ellos.

Un buen día, el hacendado Frasco invitó a un conocido suyo, perteneciente a la burguesía malagueña, para cazar perdices, junto a sus amigos, en uno de sus cotos. Le prometió un rico arroz que prepararía la moza del cortijo y que tendrían servido esperándoles humeante al final de la cacería.

Uno de los amigos invitados al lance tuvo la idea de levantar un puesto de caza, para lo cual echó mano, sin pensárselo, de un mozo que se encontraba en la finca, y le conminó a hacer el trabajo duro.

—Te doy cinco duros y me levantas un puesto de caza.

Aquel muchacho, ni corto ni perezoso, se remangó muy dispuesto y empezó la faena. Fue un trabajo duro, lento, afanándose en acarrear una tras otra las pesadas piedras procedentes de un enorme majano. Levantó en hiladas aquel murete circular, perfecto escondite de caza.

Al finalizar la plácida jornada venatoria, los cazadores acudieron, hambrientos tras el aroma del prometido arroz, al cortijo de su anfitrión. De pronto, el rostro del que fue promotor del puesto de caza se tornó de un blanco pétreo cuando a la puerta del cortijo hizo su aparición el rico anfitrión. Se trataba de aquel "mozuelo" a quien horas antes había mandado acarrear piedras. ¡Tierra, trágame!, debió pensar. Y cuentan que la vergüenza que aquel hombre pasó debió ser de tal calibre que repentinamente se esfumó, desapareciendo sin mediar palabra y sin probar bocado de aquel delicioso banquete.

En medio de aquella época de profundas miserias y carestías, el corazón del rico hacendado llevó al bueno de Frasquito a prestar ayuda, sin dudarlo, a multitud de aldeanos necesitados por aquellos contornos. A lo largo de toda su vida iría entregando a aquellos infelices —sin retorno, bien lo sabía él— numerosos cabritos que les aportarían, al menos, la ración diaria de nutritiva leche necesaria para sus raquíticos hijos. La cabra era considerada por aquel entonces la vaca del pobre. Modesto sucedáneo que salvó la vida a más de uno.

1931 fue un año muy triste. Se produjo una gran pérdida. En el cercano pueblecito del Valle de Abdalajís, Frasquito el de Cherino murió, y con él desaparecía una leyenda. Se iba el hombre, pero dejaba su huella indeleble. Obras son amores… pues dicen que, a su muerte, más de un centenar de cabras de su propiedad había ido diseminando entre las familias de aldeanos más míseras del lugar. Familias que aquel día le acompañaron agradecidas en su último viaje hasta el pueblo de Álora. Allí descansan hoy sus restos, en el confín de las tierras por las que un día se extendieron las vastas heredades de aquel señor, el de Cherino, que aún hoy es recordado con sentida veneración.

# 3

## PRIMERAS EXCURSIONES.
## LA EXPEDICIÓN DE JUAN CARANDELL

El Torcal era, en la segunda mitad del siglo XIX, un paraíso escondido, prístino y todavía desconocido para el mundo.

En aquel momento, algunos antequeranos se aventuraban a ascender sus desconocidas cumbres. Esta montaña comenzaba a abrirse al disfrute contemplativo de viajeros que ansiaban conocer paisajes inexplorados, como lo era aquella misteriosa sierra de los torcales de la que habían oído hablar.

*A finales del siglo XIX y principios del XX El Torcal se convierte en un mágico escenario que atrae a curiosos visitantes ávidos de retrepar sus agrestes peñas.*
*[Foto: Archivo Histórico Municipal de Antequera, A.H.M.A.]*

La facilidad para perderse en el corazón de aquel laberinto era máxima, pues pocos lo conocían en profundidad. Así, entre el firmamento de oficios de la época, surgió una figura que se convertiría en imprescindible para emprender las expediciones a aquel reino perdido de callejones escondidos. Se trataba de los prácticos.

*Los prácticos pronto se convirtieron en los guías imprescindibles para adentrarse en los mil callejones de El Torcal. [Foto: Autor desconocido]*

Rudos pastores y guardas que, generación tras generación, hubieron recorrido sus mil vericuetos, transmitiendo de padres a hijos el conocimiento de sendas y trochas, agrios y atajos, capaces de orientarse casi con los ojos cerrados por aquella mágica montaña inexplorada. Se erigían en las personas mejor indicadas para encabezar recias reatas de acémilas que encumbrasen sus alturas, guiando ávidos excursionistas, románticos viajeros y doctos expedicionarios por las desconocidas soledades de tan recónditos pasadizos.

Viejas fotografías en sepia antigua nos muestran, apartados en un humilde extremo de la instantánea, aquellos personajes imprescindibles, embutidos en su chaleco bajo raídas chaquetillas bien abotonadas a la antigua usanza, y calados bajo un gran sombrero al estilo de los guardas de la época.

Cual prácticos que guiaran a buen puerto por territorios difíciles. Acababa de nacer un nuevo oficio. Conocimiento y experiencia depositados al servicio del disfrute contemplativo que por entonces comenzaba a germinar.

*Visita de Pidal a El Torcal. El Púlpito. [Foto: Autor desconocido]*

Una de las visitas a aquella sierra llena de peligros —transcrita por Clemente González[9]— fue la protagonizada en 1905 por don Pedro Pidal, Marqués de Villaviciosa, primer alpinista en encumbrar un año antes, junto a su compañero de ascensión, el Naranjo de Bulnes. Pidal lo narraría de primera mano.

—Las cuevas de ladrones abundan en El Torcal. Yo quise verlas, y pasé junto a una sin notarla. Uno de los guías levantó con la punta de la escopeta algunas ramas de chaparro y percibí un boquete muy estrecho. Me lancé por él, boca abajo, introduciendo primero la escopeta, y me encontré con una sala magnífica y confortable.

Se trataba presumiblemente de la Sima del Tintero.

---

9.- "Por esas sierras: El Torcal". (31 de marzo de 1905). *Época, suplemento del Diario Vespertino de Madrid* (como se citó en González, C. (2012). *Lecturas del Torcal de Antequera).*

Aquel era territorio peligroso. Huidos de la justicia vagaban con las tripas vacías y sin reparo alguno en llenarlas como fuere. Uno de los guardas portaba siempre encima comida de sobra y cigarrillos. Consultado sobre el motivo de aquellos víveres en demasía, respondió:

—Señor, yo aprecio mi pellejo antes que nada.

De continuo se topaba por la sierra con almas vacías que le pedían de comer. Alimentos y tabaco recibirían de él a cambio. Así podía subir tranquilo a velar por los pastos de su amo. Y es que allí podía matarse a un hombre impunemente, según relataba. Nadie se enteraría, y de presumirlo, mejor no intentar averiguar más.

—La Guardia Civil —añadió—, cuando va a El Torcal, pasa de largo por el valle más ancho, sin pretender hacerse con nadie en aquellos parajes.

Aquel guía contó a Pidal que por la sierra debían andar algunos criminales escapados de la cárcel de Málaga, especialmente uno que, según sus propias palabras, medio mató a un guarda jurado al pie de la sierra.

* * *

Es madrugada en la antequerana plaza barroca del Portichuelo. Las primeras luces de la alborada despuntan cuando acaba de hacer su aparición el último de los participantes congregados. Al poco, arranca la curiosa comitiva formada por la larga reata en alineada formación. Encabeza la caravana uno de aquellos guías expertos contratado ex profeso para la ocasión.

La venturosa comitiva va dejando atrás la ciudad. Tras atravesar el que fuese Camino Real que conducía hacia Málaga, se encaminan por Las Ánimas hacia el Puerto de Las Escaleruelas, verdadera puerta de entrada, por entonces, a las cumbres del Torcal.

Alcanzado el puerto, hoyan el Navazo Hondo, lugar donde solían quedar amarradas las caballerías mientras los excursionistas hacían un pequeño descanso antes de iniciar la exploración a pie[10].

Es ahora cuando el cicerone demuestra ser más necesario que nunca. Para recorrer el intrincado laberinto sin extraviarse, era preciso contar con la compaña de este guía, hombre experto y criado en el lugar, como

---

10.- González, C. (2012). *Lecturas del Torcal de Antequera*, Ediciones del Genal.

*Tras ascender a la cumbre, los excursionistas disfrutan de un merecido descanso.*
*Años 20-30 [Foto: A.H.M.A.]*

relataría en su momento Pablo Aguilera, participante en una de aquellas históricas excursiones[11].

Entusiasmados por todo cuanto ven, los expedicionarios más andarines se han distanciado del resto del grupo.

—Un toque de cuerna, seguido de una orden del guía, nos detiene —continúa escribiendo.

—Señoritos, por ahí no; por el otro lado, y no se adentren más y esperen, que vamos a tener hoy una esaborición.

Tras lograr agrupar a los excursionistas, el orgulloso guía, bastón en mano, va dirigiendo la mirada de sus invitados mientras les muestra, apuntando con tan rústico instrumento, las diferentes figuras y mil detalles de aquellas rocas que los mantienen totalmente absortos.

Excursiones similares se repetirían en las postrimerías del siglo XIX e inicios del XX. Y no siempre fueron excursiones perfectamente pla-

---

11.- Aguilera, P. (1 de noviembre de 1929). La sierra antequerana: las maravillas de El Torcal. *Revista Mundo Nuevo.*

nificadas. Es el caso de aquella quedada fruto de una noche espumosa.

La noche alegre, chispeante y jovial de mayo de 1887 en el Casino de Antequera acabó con la bravata por parte de la camarilla de alegres amigos de organizar una expedición al Torcal.

Poco tiempo después, los catorce expedicionarios —el escritor Agustín Avilés y sus amigos— arreaban sus catorce asnos en la Plaza de San Sebastián. Un buen rato después, comenzaban a retrepar sierra arriba, tal y como aquella noche loca se habían comprometido dando su palabra. Pacto entre caballeros, donde nunca se falta a la palabra dada, sea cual fuere el estado de cordura o ebriedad en que los signatarios se encontrasen. Ascendiendo por Las Escaleruelas alcanzaron Los Navazos, desde donde la aventurada comitiva se adentró en el corazón de la sierra[12].

No había que escatimar medios en lo que a seguridad atañese a aquel tipo de excursiones. Hasta tres guardas y un práctico guiaron aquella otra expedición que en 1904 vivió José Ramos Bazaga, jefe a la sazón de la policía de Antequera.

—A las tres de la mañana, montamos en las caballerías preparadas al efecto —relata.

Aquella comitiva atravesó la calle Estepa, arteria central de la ciudad.

Ramos conocía de primera mano los elementos necesarios para garantizar el éxito en una expedición como aquella.

—Un asno pacífico de seguro paso —comenzaba enumerando—, un buen práctico que sirva de guía y cicerone, buen humor, cabeza firme, valor probado y una agilidad reconocida.

Si hasta entonces el acceso por el norte, a través del histórico Puerto de Las Escaleruelas, había constituido el único paso franqueable para estas primeras expediciones recreativas ya en los años veinte del siglo XX, sería utilizado también el acceso meridional. Se trataba del camino de herradura de Los Carriles, practicable únicamente a lomos de caballerías. La antigua Venta del Rosario se erigía como el punto de inicio. Pasarían décadas hasta construirse, en paralelo a esta senda, la carretera de ascenso a la sierra. En el viejo Ventorrillo del Rosario les "esperaban

---

12.- Campos, J. (26 de noviembre de 2016). Apuntes históricos de Antequera. Excursionistas en El Torcal en las primeras décadas del siglo XX. *Periódico La Crónica*.

unos asnos enalbardados, de seguro paso y resignada condición" —cuenta Clemente[13], rememorando las palabras de uno de aquellos viajeros, Luis Martínez Kleiser[14].

Desde allí, la expedición, encabezada por uno de aquellos experimentados prácticos de la sierra, comenzó la agria subida, entre relinchos y rebuznos, hasta la Majada del Fraile, hermoso escenario protagonizado durante siglos por un formazo con redil para el ganado y refugio en piedra para los pastores, donde se alojasen los rebaños que por generaciones protagonizaron aquella mítica vida pastoril en las cumbres del Torcal. En esta majada de ricos prados se amarraban las caballerías, "porque los rocines no podían ya sentar sin riesgo las herraduras desgastadas sobre las peñas calvas y redondas de aquel suelo abrupto, virgen de senderos" —describiría Kleiser.

Continuaron a pie a través de la Cañada de Tosaires —o de "todos los aires"—, allá donde azotaban cualesquiera de los vientos reinantes en la sierra.

*Pusieron las acémilas a descansar para visitar el hermoso enclave de la Majada del Fraile. [Foto: Autor desconocido]*

---

13.- González, C. (2012). *Lecturas del Torcal de Antequera*, Ediciones del Genal.

14.- Martínez, L. (28 de agosto 1933). El maravilloso Torcal antequerano. *Periódico ABC*.

Seguidamente, el grupo de neófitos quedaría maravillado al observar a un costado aquellos "Bollos" —hoy "El Tornillo"—, que se asemejaban a abigarradas pilas de tortas pétreas en armonioso equilibrio. Como culmen de la expedición, ascendían al "Ventanillo", con portentosas vistas hacia el sur y el Pueblecillo a sus pies —Villanueva de la Concepción—, donde sentirían una libertad gozosa e inconmensurable.

*Las excursiones a lomos de burros se sucedían para ascender la sierra de El Torcal.*
*[Foto: A.H.M.A.]*

\* \* \*

La expedición de Juan Carandell.

Una buena mañana del año de 1926, martes 18 de mayo, aparece, ascendiendo por la vertiente sur de la sierra, uno de aquellos avezados prácticos de la sierra, Joaquín Martínez Serrano.

No viene solo. Tras de sí avanza una nutrida comitiva de personas distinguidas, a lomos de sendos equinos bien pertrechados. A qué habrán venido, cuál el motivo de tamaña expedición y, sobre todo, qué buscarán en esta recóndita montaña, perdida por entonces para el común de los mortales, aquella cuarentena de rostros asombrados y ojos abiertos, deslumbrados ante el paisaje que frente a ellos se abre.

Tamaña piña de eruditos constituye la flor y nata de la ciencia geológica del momento. Las mayores celebridades mundiales en su ramo, según el propio Carandell.

Provienen de medio mundo. Recalaron desde Inglaterra, Francia, Checoslovaquia, Noruega, Estados Unidos y Cuba, entre otros. De hasta catorce países americanos y europeos, incluyendo la propia España.

Los congresistas habían sido agasajados en la ciudad, con fiesta en su honor en el círculo recreativo —recuerda Juan Campos[15]— y banquete de gala en el Ayuntamiento.

Se trasladaron hasta los pies de la sierra, dejando los vehículos junto a la Venta del Rosario, desde donde iniciaron el ascenso hacia el corazón de la montaña.

Entre aquellos distinguidos visitantes destaca uno, verdadero maestro de ceremonias del evento. Su nombre, Juan Carandell Pericay.

La vida de este intelectual y científico, ligado a la Institución Libre de Enseñanza (ILE), es digna de remarcar. Geólogo y geógrafo, muy prolífico en obras de investigación y divulgación, es en ese momento catedrático de Historia Natural en el Instituto de Cabra, Córdoba —apostilla Juan Campos.

Se celebra a la sazón, en Madrid, el Congreso Geológico Internacional, y una de las excursiones estrella del apretado programa es la expedición que tal día está alcanzando las alturas del macizo calizo.

*Juan Carandell y Pericay*
*[Foto: Fundación Aguilar y Eslava]*

Tal fecha marcará para siempre en el calendario un antes y un después en la historia contemporánea del paraje. Este reconocimiento por parte de las más renombradas eminencias en el mundo de las ciencias de la tierra supone un espaldarazo, el pistoletazo de salida que catapultará entonces

15.- Campos, J. (2018). El Torcal de Antequera declarado Bien Natural de Interés Nacional en 1929. *Apuntes históricos de la Antequera contemporánea*, pp. 173-190, ExLibric.

a El Torcal para ser mundialmente conocido y convertirse en un destino de interés a nivel mundial.

Gracias a la figura de Juan Carandell se abre al orbe este escondido rincón, con lo que ello supondrá de bueno y de malo.

Este evento entusiasma al propio ayuntamiento antequerano que, mediando la Diputación de Málaga, solicita al Gobierno Central la declaración del lugar como Parque Nacional. Buen número de eruditos apoyan la moción, entre los cuales vuelve a destacar el docto Carandell.

Finalmente, en 1929, tres años tras la renombrada visita científica comandada por aquel investigador, el Estado declara oficialmente El Torcal como Sitio Natural de Interés Nacional. Aunque figura de protección inferior a la anhelada, no dejaba de ser un reconocimiento de enorme trascendencia.

Tan ilustre nombramiento motiva la apertura del Torcal, sobre todo en los ambientes más ilustrados. Todos querían conocer aquel paraíso que hubo permanecido por tanto tiempo cerrado al mundo. Se multiplicaron las excursiones a lomos de caballerías, guiadas, una vez más, por los prácticos de la sierra.

De aquello hace ya más de noventa años. Desde entonces, gente de todo el mundo se ha adentrado en sus enigmáticos callejones calizos.

# 4

## SIETECUELLOS Y LOS HABITANTES DE LAS CUEVAS

—Era yo chicuelo cuando anduve un día por la Venta del Rosario. Allí conocí a un boyero que guardaba la vacada de su amo don Baldomero Bellido. A aquel hombre rudo le decían el Sietecuellos.

Así recuerda hoy el viejo Lorenzo a aquel vaquero que había hecho de una covacha su refugio en las noches que pernoctaba al cuidado del ganado, allá en lo alto de la sierra.

Por todo lugareño era por entonces conocida una vieja construcción que, siglos atrás, fue erigida por los picapedreros. La Cueva de Roete lució por siglos su añeja y rústica solera bajo la protección de la roca madre. Muros en piedra bien imbricada bajo un sólido dintel. Un ceñido redil al pie de la roca se alargaba guareciendo las ovejas de las inclemencias del tiempo.

A espaldas de Roete se extendía el predio de Las Carboneras, tierra de formazos y abrigos, donde sus suaves y amables orografías siempre lo favorecieron. Allí, un refugio escondido fue el abrigo perfecto que eligió Sietecuellos para habitar el corazón de El Torcal.

Aquella humilde covacha albergaba dos habitáculos de reducidas dimensiones, que fueron salita y cocina. Pero él no anduvo solo en este páramo, pues mujer y vástagos —hijo e hija— lo acompañaban. Una vida dura para esta familia. Tiempos difíciles de honda miseria. El Torcal no era territorio para débiles.

La querida hija de Sietecuellos, en edad de merecer, no pasaría desapercibida, y más pronto que tarde fue objeto de deseo de un jovencito despierto y resuelto. Aquel mozalbete, también de familia de pastores y campesinos humildes, asentada al otro lado de la sierra, frecuentaba en ocasiones estos predios. Aquel chicuelo era el propio Lorenzo el Caqui. Cada vez que la moza pasaba por su vera, él no podía más que bajar, avergonzado, la mirada. Hoy, a su edad, cuando se le recuerda aquella época en que su corazón palpitó con fuerza, una nerviosa risilla delatora le traiciona, mostrando aquel corazón sensible que un día tembló como un flan por la linda hija del pastor Sietecuellos.

La tenaz familia Sietecuellos sembraría, sin saberlo, el germen de una saga tradicional de pastores que enraizaría firme en la sierra. A lo largo de varias generaciones, sus descendientes transmitieron el viejo arte del pastoralismo de montaña. Aquellos descendientes fueron los Culón, apacentadores de ganado muy activos en el corazón de la sierra hasta tiempos muy recientes. Hoy, los que aún quedan recuerdan al abuelo, maestro de aquel oficio antiguo, y todo el legado que él dejó.

Historias mil se podrían contar acerca de pastores y moradores a quienes conocieron los Culón, y que vivieron en escondidas cuevas, abrigos y covachas en medio de estas soledades serranas.

Como paradigma de tales habitáculos de las peñas, pastores y cabreros convirtieron en refugio seguro una antigua construcción que, centurias atrás, fue levantada por un rudo y laborioso picapedrero, aquel que logró extraer de los camorros la piedra ripia caliza tan preciada. Podemos ver en nuestra mente aquella escena. Año de gracia de nuestro señor de 1787. El maestro pedrero Juan González Rubio lanza enérgicos golpes con su maza, que eleva sobre su cabeza para golpear violentamente aquella colosal roca madre, la que constituye cubierta de su sólida morada en piedra. Vaciándola, irá plasmando su nombre con caligrafía esculpida para la posteridad, imprimiendo su autoría constructiva para general conocimiento de todos cuantos viniesen y viesen, fueren propios o extraños.

Aquella sólida construcción en roca mantuvo siempre un encanto especial. Y continuaría ofreciendo, durante las centurias venideras, hogar y morada a rudas generaciones de pastores. Hoy, tras casi dos siglos y medio alojando historias de esperanza, trabajo y tesón, se erige aún orgullosa la antigua vivienda pétrea, la mejor conservada de cuantas poblaron la secular historia pastoril del Torcal. Según oyó José María Caro de boca de viejos oriundos del lugar, hasta cuatro o cinco pastores llegaban a coincidir para alojarse en esta vieja morada.

* * *

El Torcal fue otrora tierra de lobos. Eran otros tiempos, cuando el cánido más temido de la antigua Iberia campaba a sus anchas haciendo de la sierra su coto privado.

Los abuelos de Isabel Domínguez conocieron de primera mano los lobos del Torcal. De aquellos encuentros le habló su padre, el viejo Frasco Patarra.

—Cuando había lobos, había que encerrar el ganado todas las noches —comenta el marido de Isabel, el también pastor Caro. Los rediles que se erigen contiguos a la añeja casita de Juan González protegerían a sus borregos de las fauces salvajes de la noche.

Dos habitáculos construidos mediante lajas de piedra, y estratégicamente situados a ambos lados del enclave, pudieron, tal vez, servir de perreras para alojar sendos canes de guardia que defendieran, fieros, al rebaño del ataque de los lobos.

Mientras tanto, los pastores hallaban seguro refugio entre los sólidos muros de la casilla anexa. Sobre una larga roca cincelada en su interior, depositaban mullido heno sobre la concavidad excavada, donde dormirían cómodos por cientos de noches mientras las tinieblas cubrían fuera aquellas peñas solitarias.

El Caqui protagonizó uno de los últimos encuentros con los lobos de la sierra. En un lugar del Camorro Alto, allá arriba donde quedaba muy atrás la casilla de Lorenzo, se abre un abrigo natural en medio de las peñas al que llaman Hoyo del Lobo. Fue aquel el cubil donde, como él pudo conocer, una loba parió a sus cachorros. Una vez estos hubieron crecido, la vieron salir, abandonando el lugar, seguida de sus lobeznos. Ocasión en que la loba fue vista por última vez. Y en un soplo, de la noche a la mañana, se esfumó de la sierra para siempre. Nadie le dio caza, sencillamente desapareció del lugar, yéndose lejos para nunca más volver. El pastor alcanzó a ver a lo lejos las siluetas de aquel menguante grupo familiar. Aquella loba corría mucho. Sabía que debía temer a los humanos, de ellos nada bueno podía esperar.

—¡Aquella loba no quería cuentos con las criaturas! —exclama hoy el Caqui. Él narra esta historia vívidamente como si hubiese transcurrido ayer mismo, como si acaso el tiempo no hubiese pasado para él, pues la montaña ejerce ese influjo y cubre todo con su manto de intemporalidad, fundiendo el tiempo, sencillamente, en un eterno presente.

El Caqui recuerda que por entonces los pastores cobraban el "hato". En especias percibían la comida que precisarían durante aquella jornada. El patrón facilitaba aceite, tocino y pan en pago por su trabajo. La familia "se las tenía que apañar" —espeta serio— para cocinar en la sierra, con aquella materia prima, el puchero o el cocido que les mantuviese a duras penas nutridos un día más.

No fue El Torcal un lugar en absoluto vacío por aquellos ásperos tiempos. Los mismos abuelos del Caqui convirtieron la Cueva de la Maceta, enclavada en pleno Torcal Alto, en su humilde hogar. Aquel matrimonio de boyeros encargados de la custodia y guarda de la vacada del señor amo de la vasta finca de la Alhaja. Al término de la larga jornada corriendo tras los animales, a la anochecida, se antojaba muy penosa la bajada hasta el cortijo; pues pocas horas después, mediando un sueño muy conciso, deberían despegar de nuevo, de mala gana, de su dulce camastro, para remontar nuevamente el largo costerón de la sierra. De modo que prefirieron convertir la montaña en su hábitat, y la Cueva de la Maceta en su hogar.

Así fue como se lo contaron mil veces sus padres al pequeño Lorenzo, a lo largo de aquellas largas noches al calor de la lumbre. Le encantaba escuchar aquellas historias de boca de sus progenitores. Lograba imaginar, como si los viese frente a sí, a aquellos abuelos tenaces y fuertes, sin queja alguna. Eran la viva imagen de la agria sierra que los vio nacer, que atestiguó sus largos días de sudor, polvo y lana, y que finalmente los vería morir.

Y en castellano antiguo, inscripciones similares aguardan en rincones escondidos, salpicadas aquí y allá. Escritas por manos de aquellos picapedreros que cincelaron sus iniciales y nombres, fechas y hasta grabados de cruces sobre pedestal para que el mundo supiese que ellos fueron un día sus legítimos propietarios.

Y allí cerca, el mayor pilón de agua de cuantos surtiesen a los moradores del Torcal, el Pilón de la Cruz, nos cuenta también su historia. Lo hace a través de la bella inscripción de letras cursivas que nos recibe a los pies de su adintelada puerta. Antonio Jullón imprimió allí su nombre en los albores del siglo XVII.

Como recogió Miguel Ángel Varo[16], una gran cruz de hierro forjado se erigió en el pasado, coronando la cúspide de este pilón. Reflejaba brillantes destellos que resultaban visibles desde centenares de metros, brindando una imagen soberbia del conjunto. El Pilón de la Cruz se convirtió, añade Miguel Ángel, en lugar de reunión de jóvenes pastores de la sierra que, con el argumento de dar de beber a sus cabras, aprovechaban para departir en largas conversaciones con los viejos compañeros de profesión.

Las manos de aquellos maestros de la piedra esculpirían piezas que saldrían sobre carros desde la sierra para embellecer, en forma de columnas, zócalos y solerías, las más bellas casas solariegas y templos de la cercana Antequera, y levantar también gloriosas catedrales que acogerían entre sus piedras la oración llena de fe de miles de almas, en el seno de los sagrados templos catedralicios de Málaga y Cádiz.

---

16.- Varo, M.A. (27 de mayo de 2020). El Pilón de la Cruz: El punto de agua más importante de El Torcal de Antequera. *El Sol de Antequera*.

# 5
## CHIRRI, EL ÚLTIMO BANDOLERO

En 1931, España declara la Segunda República. Al pie de la sierra, bajo su sombra protectora, en el antiguo cortijo de las Escaleruelas, la familia de los Melero vive ajena a todos aquellos avatares sociales y cambios políticos.

El nieto de aquella saga ganadera, Juan Manuel Melero, —Cascorro, como así lo llaman cariñosamente todos cuantos le conocen— recuerda hoy con ternura la historia familiar en aquellas viejas heredades, al pie del crucial puerto montañoso. Pasaría su niñez en estos hermosos predios montanos. Nueve años intensos conviviendo con la sierra, los animales y el ganado. Antes de cumplir sus diez tiernas primaveras, mudarían todos, acarreando avíos y pertrechos a otra finca serrana, dejando atrás los recuerdos de aquel predio montisco, Las Escaleruelas.

Los albores de aquella década de los treinta trajeron de la mano personajes tan pintorescos como villanos. Uno de ellos, pariente de Juan Manuel, elegiría estos perdidos rincones para cometer mil fechorías, y su eco resonaría por todos los contornos hasta nuestros días. El Chirri, un ser que eligió el robo y la intimidación como forma de vida. Temido por muchos, despreciado por casi todos... Y para algunos, en definitiva, simplemente un desequilibrado.

José Antonio Díaz Muñoz, verdadero nombre de aquel delincuente del tres al cuarto, había establecido su guarida allá arriba, en las entrañas de la sierra, dentro de la Cueva de Guiferos. Desde esta, la Cueva del Chirri, como todos comenzaron a llamar a la guarida del temido personaje, bajaba a pedir comida, tabaco y otros artículos a todo pastor, transeúnte o habitante de las casillas salpicadas al pie de la sierra. En ocasiones, con mejores modales, pero en otras, llegando a utilizar la extorsión y la amenaza, pues no tenía remilgos si, llegado el caso, la oposición de su víctima "le obligaba" a recurrir a modos, llamémosles, más coercitivos.

Uno de sus más "fructíferos" escenarios de actuación fue el Camino de las Escaleruelas, paso obligado para quienes conectaban a pie o en bestias el sur del Torcal con Antequera para hacer sus compras, recados o gestiones.

—Si no les robaba a la ida, les robaba a la vuelta… Era raro que escaparan… —asevera hoy el vecino de La Higuera, Alonso Martín.

El Chirri tenía "hasta el gorro" a los abuelos de Juan Manuel. Cuando le venía en gana —y esto era con más frecuencia de lo que la señora Melero hubiera deseado—, aporreaba la puerta de la casa de Las Escaleruelas para pedir víveres a la sufrida abuela. "La tenía negra", cuenta este hoy. Otras veces enviaba el coercitivo recado a través de un inocente emisario, el padre de Juan Manuel: "niño, dile a tu madre que me mande comida".

El bandido no dudaba en servirse de zagales de los cortijos cercanos para utilizarlos como cómplices en sus tropelías. Entre aquellos "compinches" involuntarios figuraban los niños de la Casa de las Escaleruelas: padre y tíos de Juan Manuel. Los situaba el bandido estratégicamente, semiescondidos tras las rocas dispersas junto al camino de subida. Varios chiquillos, de los que apenas sobresalía la coronilla y el flequillo: siete cabezas que asomaban levemente sobre las piedras.

—Ya tengo a mis "actores" colocados —debería pensar.

El escenario era el perfecto en aquel puerto estrecho de paso obligado. Ya solo faltaba esperar…

De repente, un transeúnte, ajeno a la trampa, desciende confiado ladera abajo.

Al pronto, el maestro de operaciones le sale al paso.

—Danos comida para siete.

Es la grave exigencia que le hace el Chirri a su intimidada víctima, quien temiendo soliviantar al resto de la partida, da lo que tiene sin esgrimir excusa alguna.

* * *

Pero quién era realmente este personaje, que parecía salido de otra época, nacido en Antequera el 22 de enero de 1905 —tal y como nos cuenta Clemente González en sus Lecturas del Torcal[17]—. Sus padres, Agustín y Teresa, tal vez no esperaban que su vástago saliese con tan malvada condición.

Era un tipo alto, con "barba crecida de muchos días, que le presta sombrío aspecto", como lo describen quienes lo vieron en la prisión correccional de Antequera, donde fueron a parar sus huesos tras su detención el 6 de diciembre de 1931.

En un principio, su vida era normal, y nada hacía presagiar su turbio futuro. Hasta que aquel bala perdida fue llamado a filas. Prestó servicio entonces en el cuerpo de Artillería. Aquel ambiente castrense debió gustarle, pues al acabarlo decidió engancharse en el Tercio de la Legión Extranjera. Allí, entre "barrigazos", maniobras e instrucciones permanecería más de tres años.

Tras aquella vehemente experiencia militar, volvió a la sierra que lo había visto crecer, y allí, con veinticinco años, decidió cruzar una línea que nunca debió sobrepasar, iniciando un loco derrotero en una meteórica carrera hacia ninguna parte. La intensa vida legionaria que acababa de dejar atrás era un juego de niños comparada con la vida que ahora estaba a punto de inaugurar. Se echó al monte y, asociándose con sujetos de similar calaña, comenzó una aventura demente que ya no tendría marcha atrás.

Aprovechando la fama que alcanzó, no fueron pocos los delincuentes y asaltadores que firmasen sus fechorías con el nombre del afamado ladrón, responsabilizándolo de la autoría de delitos propios. Se convertía así en culpable de actos propios y ajenos. Toda una vida no habría bastado para protagonizar el extenso currículum que arrastraba. Tal era el precio de aquella turbia vida que el Chirri, en mala hora, decidió tomar.

—No era malo ni nada. Un hombre que no estaba bien —lo disculpa hoy Juan Manuel en un intento de empatizar con aquel "bala perdida" de la familia.

El antiguo caballero legionario que un día dejó de servir a la patria, para comenzar a vivir de ella —de qué manera—, y de sus sufridos paisa-

---

17.- González, C. (2012). *Lecturas del Torcal de Antequera*, Ediciones del Genal.

nos, llegó a convertirse en leyenda. Y a ello contribuyó, sin lugar a dudas, la prensa escrita de la época, que no vaciló ni un ápice en aprovechar aquella figura propia de otros tiempos para derramar ríos de tinta en relatos sensacionalistas acerca de las andanzas de aquel forajido.

"En la Sierra del Torcal de Antequera, campa por sus respetos una partida de malhechores, que tiene atemorizados a los serranos". Así comenzaba la noticia el semanario local El Sol de Antequera en noviembre de 1931. Añadía que "de todos los pueblecitos de las cercanías de Antequera" llega la noticia hasta Málaga: "Ha aparecido una pintoresca partida, que componen cinco individuos perfectamente disfrazados de bandoleros, los cuales, para teatro de sus fechorías, han elegido la Sierra de El Torcal".

Aquella historia se convirtió de la noche a la mañana en todo un folletín informativo.

*El Chirri aparece en la prensa de la época*
*[Foto: el autor]*

Tiempo después, andaba un día en sus cosas el hijo del guarda Ángel González Fernández, vigilante de la finca El Arevalillo. Recorría el muchacho la carretera al pie de la Sierra de El Torcal cuando le "salió al encuentro un individuo muy mal encarado—.

—Vas a ir al Ventorrillo del Naranjero y le darás al amo una misiva —serían sus secas palabras.

—Será menester que acuda a la sierra. Allí, en la casilla de madera derruida, sin contar nada a nadie, esconderá quinientas pesetas. Cosas desagradables le podrán ocurrir si osa faltar a la cita.

Al poco, Ángel, consternado, se presentaba ante el ventero, que bregaba tranquilamente en sus faenas, desconocedor de la amenaza que le venía encima.

—Antonio, vengo a traerte una mala noticia.

A las puertas del antiguo ventorro, su propietario Antonio Melero escuchó con atención el amenazador mensaje de boca del azorado emisario. Como un jarro de agua fría lo recibió y, sin palabras, pálido quedó.

El cobro de rescates mediante amenaza se había convertido para el Chirri en uno de sus más lucrativos negocios.

Aquel pobre ventero, a pesar de llevar el miedo en el cuerpo, actuó con una determinación admirable. Tomó la férrea decisión de "no dar una sola peseta a nadie, aunque lo mataran—, como recogería la prensa de la época18. Apenas dormiría el bueno de Antonio a lo largo de aquellos eternos días, y si una cabezada logró dar, lo haría, suponemos, al lado de su escopeta, a la que seguro se abrazó incluso dentro del catre.

Pero aquella espada de Damocles era insoportable y, finalmente, haciendo caso omiso a la advertencia de guardar silencio, acudió presto al cuartel de la Guardia Civil de Antequera a desahogarse como un niño.

Informado de todos los detalles, el alférez Cristóbal Gómez decidió que esto pasaba ya de castaño oscuro, aquel bandido del demonio estaba llegando ya muy lejos. ¡Ha llegado el momento de hacer saber quién es la Benemérita! Ni corto ni perezoso, se pusieron en movimiento los puestos de Antequera y de otros pueblos del entorno.

El alférez dio órdenes directas a su subordinado, el sargento Antonio Cuevas, comandante a la sazón del puesto, para que pusiese su olfato

18.- [Sobre el episodio de extorsión del Chirri]. (8 de noviembre de 1931). *Diario El Popular.*

de sabueso a trabajar. Con la mayor de las determinaciones, el sargento Cuevas se dirigió al lugar de los hechos, escudriñó la sierra, registró mil rincones e interrogó a los habitantes de aquel cerrado entorno. Fue recogiendo pesquisas y testimonios. Pero había miedo, y no fueron muchos los que se atrevieron a aligerar la sinhueso, pues las paladas de tu tumba las cavas con palabras demasiado sueltas.

A duras penas logró averiguar, finalmente, que "desde hacía unos días merodeaba por la sierra un sujeto llamado Antonio Díaz Muñoz, de unos 25 años de edad", como concluiría en sus informes. Ya estaba identificado. No era mucho, pues nadie señalaba su paradero, pero menos daban las piedras de la sierra.

Sin embargo, más tarde las cosas cambiaron. Hubo avances en las investigaciones del Cuerpo Armado. "La Guardia Civil ha encontrado la guarida del sujeto apodado el Chirri (…)", volvería a recoger El Sol de Antequera. "El mencionado individuo se quitó de en medio, y la Benemérita sigue realizando batidas para encontrarle (…)".

Según cuenta el propio Juan Manuel, un buen día, su abuelo, harto ya de las tropelías de aquel golfo sin remedio, decidió, de una vez por todas, zanjar de golpe la cuestión. Consiguió retenerlo en plena sierra, conduciéndolo hasta el cuartel de Antequera, donde lo entregó a las autoridades.

Pero equivocado estaba aquel viejo ingenuo si creía que había librado a la sierra de tan fastidioso villano. Poco tiempo duraría preso, y al poco estaba de nuevo en la sierra haciendo lo único que sabía: robar y extorsionar.

No había sido aquella la primera vez que el bandido había pisado el cuartelillo. Fue el seis de diciembre de 1931 cuando se produjo su primera captura.

Aquel día, el matrimonio Sánchez Bellido se dirigía conduciendo su automóvil hacia El Torcal. Al paso, les sale el Chirri. No va solo. Lo acompañan varios de sus secuaces. Los asaltantes les dan el alto, pero aquella pareja, quizá fruto del miedo o tal vez de un arrojo repentino, hace caso omiso y continúa adelante, pretendiendo zafarse de aquella encerrona. Ante tamaño descaro, el delincuente y su compañero de tropelías, Juan Gutiérrez el Chicharro, comienzan a disparar al vehículo en marcha[19].

Los escritos y la tradición oral describen las detenciones del Chirri y sus secuaces con diferentes versiones, a veces contradictorias. Es lo que ocurre cuando nace un mito: la transmisión de noticias y la imaginación corren libres como la pólvora, y de boca en boca se van agrandando, debido a la imaginación o la mala memoria —o ambas a partes iguales— de quien lo narra.

El miedo pronto invadió aquel territorio. No se sabía dónde ocurriría el próximo asalto. Podría ser en cualquier kilómetro a lo largo de las carreteras y caminos que atravesaban y circunvalaban la sierra —comunicando núcleos como Antequera y Málaga, o ramales a Villanueva de la Concepción y el Valle de Abdalajís—. En la faz de vecinos y arrieros, pastores y labriegos, se podía adivinar el pavor que sentían al imaginarse siendo las próximas víctimas de aquellos temibles desalmados.

Ante la peligrosidad de la partida de la sierra, todo un dispositivo se puso en marcha por parte de la Guardia Civil. Arrancando de los mentideros de la sierra chivatazos y confidencias, llega a oídos del puesto de Villanueva de la Concepción valiosa información sobre la ubicación donde últimamente repta el proscrito. Sin esperar un segundo, el sargento José Ortega ordena a la pareja de guardias Francisco Ruiz y Manuel Reina que se dirijan al punto exacto y se mimeticen como camaleones al aguardo de su presa.

* * *

Es viernes. Se acaba de echar la noche. Todo es silencio. Son las cuatro de la madrugada. De pronto se escucha ruido. Alguien aparece andando por el lugar señalado. El confidente no mentía. Se trata una vez más del Chirri. La pareja armada se lanza sobre él, quien no ofrece la menor resistencia. Ha sido sorprendido en plena noche cerrada. La emboscada ha resultado todo un éxito. La alimaña ha caído, por fin, en sus manos.

---

19.- "La partida de la sierra. Detención del Chirri y otros complicados". (6 de diciembre de 1931). *El Sol de Antequera*, nº 421, pp. 4 y 5.

Conducido el detenido hasta el cuartel, el comandante se encarga personalmente de someterlo a un interrogatorio. Aquel detenido "espontáneamente ofreció declarar cuanto era cierto (...)", como diría la prensa local. La lengua del detenido se aflojó, y una serie de nombres comenzaron a surgir de su boca. La identidad de aquella partida de forajidos comenzaba a salir a la luz. El reo comenzó por traicionar, en primer lugar, a su compañero el Chicharro y, tras él, se sucederían otros "complicados". Fruto de la intervención fueron sucediéndose en los días postreros una serie de detenciones. Junto al Chicharro cayó un puñado de aquellos partidarios: José el Pacheco y José Villarraso el Garrote. Perlas que no habían perdido el tiempo, pues, junto a su jefe de partida, se habían encargado, poco antes de echárseles el guante, de robar tres cebados gorrinos en el cercano cortijo Juncal y otros tantos en el cortijo del Carrascal.

Las páginas de la prensa relatan las incautaciones: "la Guardia Civil ha encontrado las dos escopetas que usaba el Chirri, una en el cortijo de los Navazos y otra en las chozas de Pedro Domínguez".

Después de aquella vendrían más detenciones, pues las puertas del cuartel benemérito y de la cárcel se acostumbraron a verle entrar y salir en diversas ocasiones[20].

\* \* \*

Dos años más tarde ocurrió el siguiente suceso. Trascurría aquel día de invierno, el 29 de enero de 1933[21]. El paisano Miguel Jiménez transitaba a través del estrecho paso de la Comedianta, aquella roca prominente que fuese testigo histórico de un trágico accidente cuando, descendiendo el empinado camino de Las Escaleruelas, una compañía artística que se dirigía a Antequera para su actuación, concretamente el carro en que viajaba una de sus intérpretes, terminó precipitándose ladera abajo, rodando animales, carruaje y artista, con un trágico final. De pronto, tras aquella roca, salieron al paso "cuatro sujetos armados hasta los dientes con escopetas, pistolas y cuchillos —como reflejó la prensa de

---

20.- [Sobre las detenciones de la Guardia Civil al Chirri]. (Marzo de 1933). *Revista de la Guardia Civil*, nº. 277.

21.- "Otra vez el famoso Chirri. Detención de tres individuos que formaban su partida". (5 de febrero de 1933). *El Sol de Antequera*, nº 482, p.8.

la época— robándole el metálico que llevaba, una manta y otros efectos, siendo además maltratado de obra".

Una vez más, el instituto armado tuvo que embarrar su vetusto traje, subiendo sus números a la sierra y realizando una concienzuda batida. El cuatro de febrero sorprendieron al Malajeta, el Niño de Arahal y el Curro Lora. Eran los compinches de aquel viejo conocido, Antonio Díaz El Chirri.

Días atrás, la banda de forajidos había perpetrado un intento de asesinato contra el guarda de la sierra. Sus intenciones entonces habían sido las de hacerse con la jaca del vigilante, sus armas y todo el dinero que portaba, pertrechos con que planeaban emprender camino hacia la Serranía de Ronda.

En el imaginario de nuestro pérfido protagonista figuraban ideales a seguir, modelos que le causaban profunda admiración, como fue el afamado bandido Flores, quien había convertido las soledades de la Serranía de Ronda en su refugio y perfecto campo de operaciones. El Chirri soñaba con alistarse algún día y formar parte de la partida del mítico bandolero rondeño.

Este personaje, conscientemente o tal vez sin saberlo, emuló en su biografía, con mayor o menor acierto, la vida y procederes de los bandoleros de la sierra. "El último bandolero del Torcal" fue llamado por algunos, así lo recoge la historia. El estudioso Bernaldo de Quirós llega a mencionarlo en su obra sobre el Bandolerismo Español, identificándolo con el sobrenombre del Chimeneas, por ser esta la sierra que convirtió en su campo de actuaciones.

El Chirri, el último bandolero de la sierra, o quizás simplemente un pobre diablo trasnochado que quiso vivir emulando aquellos míticos bandidos, quizá con más pena que gloria.

# 6

## LOS AÑOS OSCUROS

Aquel chiquillo de corta edad abrió su boca ante las ubres de la solícita cabra. Al momento, comenzó a succionar la rica leche, que chorreó de la comisura de sus labios. Desde aquel momento, Joseillo sellaría un lazo indeleble, vínculo que perduraría en el tiempo durante toda su vida. Las calientes ubres de aquella cabra lo amamantaron. Calostro nutricio para un niño con deseos de vivir, para quien las hambres reinantes a su derredor tuvieron que pasar de largo humilladas.

José Cuenca —a quien todos llamarían cariñosamente Joseillo Cuencas—, mamó la sierra desde el día en que nació, y dedicaría toda su vida al viejo oficio de cabrero en las cumbres de la Sierra del Torcal.

Ovejas y cabras quitaron muchas hambres en estos predios. Su leche garantizó una mínima nutrición a niños y ancianos.

—Un buen puñado de familias comerían aquí durante años gracias a sus animales —exclama hoy Isabel Patarra.

La cabra era por entonces la vaca del pobre, pero ni cabrillas podían adquirir los míseros de solemnidad.

—Cuando tenían un niño chico, iban a un cortijo, y el dueño tenía la bondad de regalarles una cabrilla recién parida —recuerda Isabel. Con la leche que esta produjese criarían al pequeño.

Ella recuerda cómo, en ocasiones, el animal, con su instinto maternal a flor de piel ante su nuevo hijo adoptivo, se tendía, comenzando el pequeño a mamar de su madre nodriza.

—Una prima de mi madre mamaba de una cabrita —rememora—. Para que veas a lo que llega la necesidad. La leche la hervían para que la bebiese la criatura, o elaboraban con ella alimentos como el arroz con leche. Y los calostros, lo primero que sale de sus mamas cuando pare una cabra, estaban buenísimos, y además alimentan una barbaridad.

Aquellas décadas de hambre y miseria, a caballo entre los años veinte y treinta del pasado siglo, obligaron a muchos padres, con todo el dolor de su corazón, a "entregar" algunos de sus numerosos vástagos, tragándose las lágrimas mientras los ponían en manos de señoritos. Fueron los niños entregados al servicio de una Hacienda. Dueños de cortijos que, a cambio del trabajo infantil, pondrían al menos un plato de comida ante la criatura. Joseíllo Cuencas, con tan solo cinco años, fue dado en entrega a unos amos que le encomendaron el cuidado de gallinas y chivos, y el trabajo con sus tiernas manos en las labores del cortijo. Una historia desgarradora que recogería años más tarde en imágenes Miguel Ángel Varo, cuando el veterano pastor y cabrero sopló las velas de su 94 cumpleaños[22].

Fue tal la miseria que en tan agrios tiempos embargó a gran número de familias, que llegaban a considerarse tocados por la mano de la fortuna de conseguir que alguno de sus hijos fuese aceptado en alguna de las haciendas. Allí dentro, el rapaz guardaría los animales menores: pavos, cerdos y cabrillas. Pero no acababan aquí los padecimientos de los tiernos retoños, convertidos a marchas forzadas en mozos de trabajo. Pues no eran caricias lo que en su nuevo hogar con harta frecuencia recibían. En ocasiones, los otros trabajadores no dudaban en desahogar sus frustraciones propinándoles una sonora bofetada a la primera de cambio, cuando así se les antojaba.

Con estos mimbres, el acceso a la educación se antojaba algo impensable, por lo que los niños no veían un maestro ni en pintura.

Pero entre aquellos amos de acogida hubo también hombres buenos. En las afueras de Jeva, allá donde cruzaba el viejo Camino Real, se erigía el cortijo de La Torre, cercano a la historiada torre mora de Jeva. Don José, su propietario, conocido por todos como Pepe el de La Torre, era uno de aquellos hombres de gran corazón.

—¡Todo el que a él venía... algo se llevaba! —contaría años más tarde el paisano Juan Pozo, rememorando la nobleza de aquel hombre.

—Mi abuela tenía seis hijos y su familia pasaba bastantes hambres.

Decidió "endosar" al hijo más chico, el pequeño Juanito —tío de Juan—, al dueño de aquel importante cortijo. Al menos recibiría la comi-

22.- Varo, M.A. (Antequera Oculta). (2 de octubre de 2020). Joseíllo Cuencas, maestro torcaleño
Youtube. https://www.youtube.com/watch?v=0gCm6Wb3W-8

da del día..., a cambio de trabajar en el cuidado de las gallinas y pavos del cortijo.

—Algo ayudará, por pequeño que sea.

Exclamaba esperanzada la abuela.

El niño era un gran comedor y gran saque no le faltaba cuando se trataba de dar buena cuenta de las viandas que ante él se atravesaban.

Allí estuvo el chicuelo, "trabajando" en el cortijo durante una temporada.

Pasado el tiempo, la abuela se dirigió al bueno de su vecino:

—José, sería mester de ajustar la cuenta, ¿no?

Esperaba la buena señora obtener algunas ganancias por el "trabajo" del pequeño Juanito. Aunque no fuese en dinero, quizá "una docenita de huevos", o alguna otra retribución en especies cayese.

—Una fanega de garbanzos es lo que me debes tú a mí ...

Fue la inesperada respuesta del empleador.

Un ademán de sorpresa acudió a la faz de la ingenua señora ante aquellas palabras.

—¡Qué te voy a dar, mujer... si el niño se ha tragado más de lo que ha producido!

—El niño comía más de lo que trabajaba —repite hoy el sobrino, muerto de la risa, al recordar la historia del rapaz entregado para trabajar, que terminó causando más gasto que beneficio.

**B**ajo la Sierra del Torcal, al norte de La Joya, en aquel ambiente de miseria, una suerte de nuevos colonos con más hambre que huesos tuvo la dicha de recibir, como fina lluvia del cielo, una serie de terruños donde enclavar sus pobres chozas protectoras. Comenzaron aquellas pobres almas a construir sus humildes hogares.

Las chozas tradicionales se construían mediante pared de piedra con adobe revestida de yeso. Y como remate una techumbre de pajas, palmas, juncos y adelfas sobre cañizo, todo ello cosido con cuerdas de esparto[23].

Aquella colonia de precarias viviendas, verdadero predio de fortuna, terminó apellidándose por méritos propios Las Chozas. Nada es gratis en esta vida, y buena renta debieron pagar por tal derecho a su propietario, inmortalizado para todos los parroquianos como el tío de las Chozas.

---

23.- Benítez, J.A. (2010). *Al Sur del Torcal: un rincón de Andalucía*, Arguval.

De aquellas antiguas viviendas en las tierras meridionales del Torcal hoy solo queda en pie como último testigo la Choza de Moroso, en las cercanías del cortijo Espinazo.

\* \* \*

Y llegó el desastre...
La gente mayor cuenta que poco antes de empezar la Guerra Civil, durante varios días y noches, todo se volvió de un intenso color rojo anaranjado. Decían que los cielos anunciaban el desastre. Aquel arrebol de rojo luminoso fue el efecto "candilazo" del sol al atardecer, y no avisaba de nada bueno.

La paz de la sierra no iba a ser eterna, y los acontecimientos en España pronto invadieron cada rincón del Torcal. El 18 de julio de 1936 se produce el Alzamiento Nacional y se desencadena la cruenta Guerra Civil española. El bando republicano tiene ocupada la ciudad de Antequera y también las cumbres de la sierra. Sin embargo, su presencia aquí será breve, tan solo un mes escaso hasta ser derrotado por el enemigo.

Período corto, pero lleno de acontecimientos, en ocasiones dramáticos. Pasmosas narraciones contadas por los más viejos del lugar. Señalando incluso los enclaves exactos de aquellos sucesos, permanecen tan vívidas en su memoria que pareciesen haber sido vividos ayer.

Cuando no existe oficial al mando, el vacío lo ocupa personal que no es de carrera. Se posicionan arriba jefes y cabecillas que en ocasiones no son de buena condición. Personas sin escrúpulos que lucen una agresividad gratuita sin causa. La guerra se convierte en el caldo de cultivo perfecto donde se desatan con total impunidad estas mentes perversas.

Eso es lo que ocurrió en el destacamento de Sierra de Chimeneas. Allí brillaría con la luz de la maldad un personaje siniestro: el Capitán Arcas, un anarquista que alcanzó fama en estas tierras por méritos propios. Los más veteranos de la sierra oyeron y vieron aquella brutalidad sin parangón.

Hiere recordar hechos tan dramáticos. Aquel día, milicianos desalmados irrumpieron en el cortijo de Las Chozas y acabaron sin miramientos con la vida de la madre de aquella familia, junto a una de sus hijas, aún "mozuela", y los dos hermanos mellizos, que rondarían por entonces los doce años.

Más adelante, harían también acto de presencia en el cortijo de Los Navazos, donde "invitaron" a salir al padre, asesinándolo ipso facto a él y a sus tres hijos varones.

Poseer propiedades te convertía en objetivo, según cuentan. Te quitaban de en medio y se hacían con tus tierras y vivienda, concluyen.

Se establecieron, por entonces, en el lugar, los denominados "Centros", acuartelamientos que hacían las veces de lugar de reunión y celebración de mítines. Varios de aquellos Centros se distribuyeron por El Torcal y su entorno, léanse el cortijo de Los Navazos, La Fuenfría o el cortijo de Rojas. Llegada la hora de comer —recuerda la memoria oral de los vecinos—, todo se interrumpía, mataban un cabrito o cordero y se repartían su carne entre los reunidos.

No muy lejos de allí, en el cercano cortijo de La Torre, los hermanos Lara, sus moradores por entonces, despedían al hermano mayor, que marchaba a combatir a la guerra.

Por entonces, el guarda de la sierra, que vivía en el Cerro de Las Lomas, frecuentaba en sus campeos el cortijo de la Fuenfría, uno de aquellos Centros del Frente Popular. En una de las visitas, oyó una conversación furtiva que, como un susurro, traspasó las paredes:

—Vamos a acabar con los tres hermanos de La Torre.

Aquel vigilante, testigo involuntario de la conversación y amigo íntimo de las potenciales víctimas, no dudó en encaminarse raudo hasta La Torre para transmitirles el espantoso mensaje. La misma noche, como si el mismo diablo, repentinamente, les hubiese poseído, los tres hermanos se hicieron con las pocas pertenencias que pudieron acarrear, pusieron pies en polvorosa y abandonaron la casa. Treparon las lomas del Torcal y traspusieron al otro lado de la sierra. El miedo que abigarraba sus cuerpos no era chico, temiendo ser sorprendidos mientras atravesaban, en plena noche, la sierra, territorio ocupado por quienes deseaban su muerte.

Amanecía cuando por fin vieron, frente a ellos, Antequera. Alcanzaron la encrucijada del Puerto de La China, donde se había establecido una —guardia de moros— del Bando Nacional. Nunca hubiesen imaginado que un puñado de soldados árabes les fuese a causar tamaña euforia. Los acogedores militares de élite les recibieron con los brazos abiertos y aquellos tres acongojados hermanos, recién salidos de la misma boca del lobo, acabaron disfrutando de un té hirviente y dulzón, preparado al más puro estilo moruno, que les debió saber a gloria divina y a libertad.

* * *

Menudeaban en la sierra las refriegas bélicas. Tras ellas, quedaba en ocasiones algún soldado separado de su compañía, invadido por el miedo a ser sorprendido y a caer en manos enemigas. Avanzaban estas almas perdidas durante la noche y se ocultaban de día con la esperanza de dar con compañeros de bandera.

Uno de aquellos pobres diablos llegó en una ocasión al río Jévar, que atraviesa el núcleo de La Higuera, tal y como cuenta Benítez[24]. Herido, permaneció refugiado en el río. Se hizo la noche y, apretado por el hambre, llegó el soldado al cortijo de La Teja pidiendo un poco de comida. Pero las intenciones de aquella familia no eran las que él hubiese deseado. Quisieron capturarlo para entregarlo a las autoridades, imaginando el reconocimiento y suculenta recompensa que obtendrían. Adivinando los malos propósitos de aquellos caseros, se dio media vuelta y salió a la carrera huyendo hasta llegar a un barranco, donde saltó al vacío para encontrar escondite seguro al fondo de la accidentada quebrada. Aquel militar acongojado logró huir de sus pretendidos captores. Desde aquel día, el río Jévar es conocido por todos como el río Soldado.

La sierra y sus confines se convirtieron en un lugar muy peligroso, y este tipo de encuentros con soldados desorientados portando armas no fue infrecuente. Al atardecer, todo morador de casilla o cortijo de la sierra que apreciara su vida, se encerraba a cal y canto en su vivienda con gran aprehensión. Y ante cualquier ruido exterior sacaban el cañón de su escopeta y lanzaban al aire disparos intimidatorios, por si las moscas.

En el acuartelamiento de La Fuenfría comenzaron a repartir equipamiento a los allí destinados, relata Alonso Martín. Le tocó el turno al vecino Juan González: Juanito el del Tejar. Le entregaron un par de

---

24.- Benítez, J.A. (2010). *Al Sur del Torcal: un rincón de Andalucía*, Arguval.

alpargatas. Se las probó y reparó en que una de ellas le quedaba enorme y la otra ridículamente pequeña. Distaban varias tallas entre sí —continúa Alonso, quien escuchara esta historia, tiempo atrás, de boca de su protagonista—. Ante tal error se dirigió presto, con paso decidido, ante su superior, para reclamar:

—Es que no me las puedo poner.

—¿Conque no te las puedes poner...? —fue la escueta respuesta del Capitán Arcas, mientras desenfundaba su pistola y la levantaba para encañonar las sienes del pobre Juanito.

No sabía que se encontraba ante un sátrapa para quien poco valía una vida humana, pues por motivos más absurdos aquel maléfico capitán hubo ajusticiado muchas almas.

Se hizo un silencio abismal...

—¡Me están "propias", vamos!

Y salió disparado como alma que lleva el diablo.

Fue precisamente en el cortijo de La Fuenfría donde se habían establecido las caballerizas del campamento republicano, el del Batallón Juan Arcas. La techumbre, muy deteriorada, comenzó a desplomarse. Era necesaria su reconstrucción. Se corrió la voz en el *Pueblecillo* —la cercana Villanueva de la Concepción— de que buscaban peones y albañiles para la obra.

*José, padre del Caqui*
*[Foto: autor desconocido]*

Por aquel tiempo, José, el padre del Caqui, se encontraba sin trabajo, así que consideró seriamente aquella oportunidad laboral, pues el jornal era generoso para la época. No había que hacer ascos a aquel trabajo.

—Mi padre se calentó —cuenta hoy el Caqui—, y acudió ante el capitán Miguel Arcas, a cuyo mando se encontraba el campamento.

Aquel hijo de mala madre había hecho del lugar su patio de recreo. Un patio de juegos muy de su estilo. El militar era muy bueno con la pistola. En puntería nadie le ganaba. Donde ponía el ojo ponía la bala.

En una ocasión se encontraba uno de los obreros almorzando, sujeto el plato sobre sus piernas, cuchara en mano. Y, de repente, sonó un disparo... Salió volando por los aires la cucharilla que sujetaba en su mano, la bala rozándole a escasos centímetros del rostro.

Similar "broma" gastaría en otra ocasión, cuando le voló a otro pobre operario el cigarrillo que sujetaba en la boca.

El muy ruin se entretenía, para poner a prueba su puntería, y por simple diversión, haciendo blanco sobre el personal contratado.

—Aquello a mi padre no le gustó —dice Lorenzo. —¡Uy, uy! ¡Dónde me he metido yo! —debió pensar. —De aquí estoy sobrando ya.

Y, ni corto ni perezoso, decidió planear la evasión de aquel infausto lugar. Porque, como cuenta el Caqui, quien venía a trabajar ya no se podía ir hasta finalizada la obra. Dos guardias, de vigilancia permanente, se encontraban apostados a cada lado del edificio.

En el momento del cambio de guardia, José, que era muy avispado, se deslizó por la trasera de la casona —por el *descansaero*, como lo llamaban—. Pegado a la sierra como una lagartija rastrera, se escabulló en un descuido y voló de aquel infierno. "Pies, para qué os quiero".

Canallas ha habido muchos en toda época y lugar, pero en esta zona del Torcal, durante aquel trágico período, pocos hicieron la sombra al Capitán Arcas.

A las puertas de este cortijo, un viejo árbol mortecino da testimonio de su pasado. Cuando el Caqui lo conoció por primera vez, tenía ya "el troncón hueco, pero estaba verde". A sus pies —recuerda— un viejo pesebre servía para alimentar a las yeguas a la sombra de aquella copa amplia y lustrosa.

El hermoso nogal tampoco escaparía a las injusticias de la guerra, víctima también de la sinrazón. Los soldados allí establecidos se distraían disparando contra él. Blanco perfecto para desahogar aquellas largas horas de tedio y aburrimiento.

Sus muchos años y aquellos malditos proyectiles —dicen que aún conserva incrustadas balas republicanas en su viejo tronco moribundo— han dejado un raquítico recuerdo de lo que fue aquel prodigioso nogal.

*El viejo nogal de la Fuenfría [Foto: el autor]*

—Ya no le queda *ná*. Los años se lo han *comío*. Está vivo, pero *mu malamente* —lamenta hoy Lorenzo al rememorar la vida del veterano compañero arbóreo, superviviente de la guerra en El Torcal. En una de sus ramas superiores aún palpita un halo de vida, no se sabe por cuánto tiempo.

Frasco Patarra presenció en esta maldita guerra eventos horripilantes. Su hija Isabel le oyó contar las tropelías de elementos republicanos que, saltándose la ley, actuaron por su cuenta y riesgo de manera sumarísima.

Según cuentan, hasta el destacamento de Archidona llegaron a oídos de un conocido capitán de la Guardia Civil varios soplos. Los sucesos ocurrían en el alfoz de Villanueva de la Concepción. Personas sospechosas de simpatizar con el bando contrario eran señaladas para, a continuación, proceder a su secuestro. Cabeza tapada, eran conducidas hasta la tapia del cementerio, perfecto paredón donde serían tiroteadas a bocajarro.

Uno de aquellos funestos días había llegado. La fila de víctimas encapuchadas en pie, alineadas ante el muro del camposanto. A punto de ser ajusticiados como ratas. Segundos antes de ser apretados los gatillos, uno de los encapuchados se arrancó enérgicamente la capucha, dejando ver su rostro. Todos quedaron boquiabiertos. Para sorpresa de sus captores, se encontraban frente a aquel capitán de la Benemérita conocido en la comarca.

—Aquí ha acabado ya la matanza —espetó el guardia con brío.

Aquellos bárbaros acababan de ser sorprendidos *in fraganti*, y el peso de la ley terminó cayendo sobre ellos.

*  *  *

Durante la Guerra Civil vinieron a combatir tropas italianas de apoyo al Frente Nacional.

Traían una raza especial de cabras sicilianas, adaptadas a las duras condiciones serranas del Mediterráneo. Les servían para su propio avituallamiento. Algunos ejemplares escaparon y se asilvestraron en la vecina Sierra de las Cabras —el nombre de aquella montaña les venía que ni pintado—. Allí encontraron un medio ideal para vivir, muy similar a su lugar de procedencia.

Un fotógrafo retrató un esbelto ejemplar de aquellas cabras escapadas al monte. Un precioso macho, espectacular y vigoroso, de largas barbas, pelaje blanco y grandes cuernos retorcidos. No se sabe cómo, pero aquel retrato caprino acabó en manos de Lorenzo, instantánea que hoy conserva como

*Rústicas cabras sicilianas se adueñaron de la sierra*
*[Foto: autor desconocido]*

una vieja joya roída por el tiempo y tomada de un amarillento rancio, esa pátina antigua que solo el paso del tiempo sabe dar a las viejas fotografías de antaño.

* * *

Pero el 12 de agosto de aquel 1936 todo cambiaría. Las Tropas Nacionales entraron a saco tomando la ciudad de Antequera. Se estableció en ella una guarnición estable con 1.700 efectivos[25]. Hasta en el cielo se pusieron ojos: en lo más alto de la ciudad vieja, sobre aquella Alcazaba que un día fue mora, allá en su templete —la Torre del Reloj—, se estableció vigilancia antiaérea.

*Desfile de requetés conmemorando la toma de la ciudad el 12 de agosto.*
*[Foto: A.H.M.A.]*

Había llegado el momento de la revancha, y esta no se hizo esperar. Fue tan injusta e incruenta como la primera función que acababa de finalizar.

---

25.- Antequera en la Segunda República. (10 de agosto de 2022). Mes de noviembre, año 1936. "Batallón de Voluntarios de Antequera". Facebook. https://m.facebook.com/story.php/?story_fbid=449002753776184&id=104078311601965

Bajo el Bando Nacional se crearía en la ciudad el llamado "Batallón de Voluntarios de Antequera". Chavales que, jurando su devoción incondicional a la causa nacional, realizarían operaciones de vigilancia y control del enemigo. De la noche a la mañana se convirtieron en los ojos que todo lo veían, registrando minuciosamente y deteniendo a todo hijo de vecino sospechoso de pertenecer a partidos o sindicatos del Frente Popular[26].

*Batallón de Voluntarios de Antequera [Foto: Periódico El Sol de Antequera]*

Aquel batallón se integraría, más tarde, en la Bandera de la Falange[27]. Esta actuó al sur de la provincia, ocupando la Boca del Asno y la Sierra del Torcal, y extendiéndose por Villanueva de la Concepción hasta Almogía. Al otro lado, frente a sus propias narices, se levantaba el Batallón Republicano Juan Arcas, sus enemigos a muerte. Los de Arcas combatieron, matando y muriendo aferrados al Frente Sur de la sierra, su bastión que lo fue hasta que, finalmente, entraron las tropas nacionales en la ciudad de Málaga. De las refriegas en lo alto de la sierra perviven hoy vestigios de singulares trincheras, parapetos levantados mediante lajas en pie, pues estéril habría resultado excavar el duro suelo rocoso.

26.- Antequera en la Segunda República. (10 de agosto de 2022). Mes de noviembre, año 1936 "Batallón de Voluntarios de Antequera". Facebook. https://m.facebook.com/story.php/?story_fbid=449002753776184&id=104078311601965..

27.- "Grupo de Voluntarios de Antequera". (30 agosto 1936). *El Sol de Antequera*, nº 665, p.5.

*La Bandera de Antequera se prepara para las operaciones sobre Málaga.*
*El Gobernador Civil de la Provincia pasa revista.*
*[Foto: Periódico El Sol de Antequera]*

Cuando más tarde parecía haber vuelto la paz, muchos de aquellos que en su día huyeron despavoridos decidieron regresar a sus hogares al pie de la sierra. Harto errados estaban, pues gran parte de ellos serían capturados. Trasladados hasta Málaga, fueron finalmente sentenciados[28].

Muchos rincones del Torcal fueron testigos mudos de aquellos hechos, de un lado y del otro. Los habitantes y sus descendientes quizás hoy hayan perdonado, pero llegar a olvidarlo... eso requerirá más tiempo.

En el caserío de La Higuera, el joven José Manuel Martín cuenta con tan solo diecisiete años de edad cuando acaba de ser reclutado para la guerra. Se encuentra realizando el servicio militar, y en plena instrucción se le ha comunicado la desagradable noticia: lo llevan a luchar al frente. A aquella quinta, la suya, la llaman —la reclutada del biberón—, pues son prácticamente niños.

---

28.- Antequera en la Segunda República. (10 de agosto de 2022). Mes de Noviembre Año 1936. "Batallón de Voluntarios de Antequera". Facebook. https://m.facebook.com/story.php/?story_fbid=449002753776184&id=104078311601965

Sin embargo, al poco cambian las tornas. Es 12 de agosto y hasta aquel rincón al pie de la sierra ha llegado la noticia: acaba de declararse el final de la guerra. Fue como si de pronto se hubiesen abierto los cielos y coros de ángeles celestiales tañesen fastuosos. El resoplido de alivio de aquellos mocosos se pudo oír hasta en la cima del Torcal. Las gorras volaron hacia el cielo.

—Aquello fue la fiesta más grande —cuentan hoy sus descendientes, sucesores que tal vez no hubiesen nacido, y la historia sería otra si los caprichosos avatares de la guerra hubiesen discurrido por otros derroteros.

Una vez tomada la sierra por las fuerzas nacionales, pequeñas guarniciones moras, fieles aliadas, campaban consentidas aquí y allá como el que se sabe protegido y seguro. Tenían campo libre y lo aprovechaban.

En una ocasión, en el cortijo de Cobos, una de aquellas guarniciones —tomó prestadas— algunas ovejas y, fieles a su costumbre piadosa, entre rezos las sacrificaron mirando hacia la Meca. Como resultado, una elaboración de cordero guisado al más puro estilo tradicional, que hacía chuparse los dedos al más remilgado.

—Porque, eso sí, guisaban pero que muy bien las piernas de cordero —afirma Isabel Domínguez, hija de Frasco Patarra.

En más de una ocasión, el bueno de Frasco, pasando junto a aquel campamento de la media luna, era invitado por aquellos hombres curtidos en el desierto para acompañarlos degustando sus ricas recetas. Tal vez aquella dorada pata que los árabes horneaban al fuego perteneciese a uno de sus corderos. Y es que a nadie debían explicación aquellos hijos de Alá.

La noticia del final de la guerra llegó a todos los contornos del Torcal con gran júbilo, como era de esperar. Sin embargo, las hambres que consigo trajeron, y las dolorosas acciones posteriores de represión y muerte, se extenderían largo tiempo como si el fantasma de la guerra se regocijase arrastrando lentamente su pesado e hiriente halo de dolor.

El 1 de abril de 1939 supondría un hito, un antes y un después en el devenir de España: el final de aquella dolorosa guerra y la victoria del Bando Nacional. En medio de este contexto, este entorno sureño, El Torcal encaminaría sus pasos en una singular evolución con personalidad propia.

Desde entonces, y hasta las postrimerías de los cincuenta del pasado siglo, se abre un paréntesis, escribiéndose uno de los pasajes más intensos —cargado de eventos e interesantes personajes— de la historia reciente del Torcal. Los habitantes de la sierra protagonizarán unos hechos y vivencias, gran parte de los cuales se han preservado a través de historias orales aún contadas, tal vez por poco tiempo, por los más viejos del lugar.

Tal vez sea este el período reciente con un mayor contacto con el campo. Una vuelta a nuestros orígenes, a la conexión con la tierra, forzada por la necesidad, de gran intensidad aquí en la sierra. Tras la guerra, se volverían a labrar tierras largo tiempo olvidadas, sembrando, como siglos atrás, garbanzos, cereales y girasoles, en enclaves serranos imposibles. De aquello, hoy solo perviven vestigios como viejos bancales erosionados, pulimentadas eras de trillado y majanos salpicados aquí y allá, testigos mudos. La llamaron la Reagrarización del campo[29]. Pastores y ganaderos tampoco se quedarían atrás.

*Aconteció entonces la vuelta al campo. [Foto: A.H.M.A.]*

—Mucha hambre por todos lados—recuerda hoy Lorenzo el Caqui. Su familia lo llevaría con gran dignidad. Sembraron trigo, con el que hacían pan, garbanzos, y de cuando en cuando mataban un guarro cebón.

---

29.- Parejo, J.A., y Camacho, R. (2008). *El Antiguo convento de la Magdalena de Antequera: historia y patrimonio. 1568-2008*, Grupo Antequera Golf.

—Nosotros no lo pasamos muy peor.

Eso sí, administraban al detalle:

—Este pan para este queso, y este queso para este pan —como él gusta recitar.

\* \* \*

—Mi padre, siendo *rapagón* —cuenta hoy el parroquiano Juan Pozo—, con unos quince años o así, labraba las tierras del amo, en La Joya, junto a otros muchos paisanos procedentes de aldeas y caseríos vecinos. Se alojaban a pie de tajo, en dependencias para los trabajadores. Pasados diez o quince días podían volver a sus casas para asearse y cambiarse de ropa. Antes no, pues faenaban de sol a sol y carecían de cualquier medio de desplazamiento. Pero ya estaba el amo dejándoles *prestao* un borrico de su propiedad con el que trasladarse a casa para tan higiénico *mester*.

Pero mientras unos labraban la sierra y pastoreaban en ella sus rebaños, otros seguían con el arma al hombro. Para ellos no había acabado el odio. Perseguían proscritos, olfateando hasta la última sima y covacha, mientras estos huían escondiéndose cual sabandijas.

La sierra se convierte entonces en un peligroso enclave guerrillero, un nido de víboras. Se inicia una persecución implacable, disparándose el pistoletazo de salida. Son los años de la caza y muerte al maquis. Sospechosos de colaborar con los vencidos, huían a lo alto de la sierra. Para sobrevivir, amedrentaban a sus tranquilos moradores en busca de condumio que echarse a la boca. Fueron los "hombres de la sierra". Esta es la historia que de ellos contaron.

Una de aquellas guaridas fue la Cueva de Los Moneros —posible deformación de Los Monederos—. Sus amplias entrañas, mil veces recorridas por Lorenzo el Caqui, albergaron a muchos de aquellos perseguidos por el gobierno de Franco. Ser capturados suponía su muerte segura. Este escondrijo fue para muchos de ellos su salvación.

—Allí dentro te puedes perder y no encontrar la salida —relata el Caqui, y añade que alberga en su interior cavidades revestidas en piedra, usadas probablemente como vivienda por los huidos durante la guerra.

Algunos proscritos opusieron resistencia en una cruenta lucha armada de guerrillas, era el maquis. Hubo enfrentamientos a tiros con la Guardia Civil, dando como resultado víctimas tanto de un lado como del otro.

Para "buscarse la vida", no dudaron algunos en cruzar la línea roja, recurriendo al secuestro de inocentes aldeanos, pastores y habitantes de cortijillos, a cambio de rescates.

Otra fórmula "magistral" fue el envío de anónimos. Aquellos escritos de amenaza que hacían llegar al padre de familia helaban el cuerpo del más valiente. Nadie estaba a salvo de aquella dinámica maléfica de miedo y extorsión. "Algo que nunca más debiera repetirse", lamentan hoy los habitantes del lugar.

Relata Benítez[30] cómo en ocasiones los llamados hombres de la sierra bajaban al pie de la montaña para dirigirse a las casas de sus inocentes moradores. Les exigían una cantidad de dinero o, de lo contrario, alguien de la familia sufriría consecuencias.

En una ocasión, continúa Benítez, una familia de la sureña pedanía de La Joya fue víctima de tan bárbaro proceder.

—Exigimos la entrega de doscientas pesetas —exhortaba la misiva.

Aquella cantidad era todo un capital.

Fue difícil luchar contra aquello, pues el miedo a posibles represalias hacía que víctimas y testigos callasen, absteniéndose de delatarles aun conociendo la guarida de aquellos elementos escondidos en la sierra.

Podía tratarse ora de perseguidos políticos, ora de simples delincuentes comunes que, aprovechando la difícil situación reinante, hacían de las suyas. Aunque la más de las veces se trató de personas verdaderamente necesitadas que querían sobrevivir a toda costa.

Episodios que desembocaron en ocasiones en serios enfrentamientos con la Guardia Civil. Sus números, que actuaban "serenos en el peligro, y prudentes sin debilidad" —según reza la cartilla de su código moral—, desenfundaban su Star de 9 mm —el arma que produjese el fabricante Bonifacio Echeverría—, llegando a abatir buen número de aquellos forajidos. Más caerían de uno y otro bando. Una época, en fin, agria sin parangón hasta la saciedad.

---

30.- Benítez, J.A. (2010). *Al Sur del Torcal: un rincón de Andalucía*, Arguval.

En el Sur del Torcal, la barbería de Pedro Martín Pinto atiende a sus clientes como cada día. Mientras, en la pequeña casa de campo, su mujer, ajena a lo que está a punto de ocurrir, amasa el pan que venderá al vecindario, al que también ofrece tareas de costura. Oficios tradicionales de toda la vida.

Aquel día, los hombres de la sierra habían salido de su escondrijo y bajaron al pueblo, La Higuera. Se dirigieron directamente a la barbería. Entraron al establecimiento. El miedo se apoderó de todos los presentes, empezando por su propietario, Pedro. Sin mediar palabra, uno de ellos clavó su pistola en las sienes del asustado barbero, e hicieron lo que habían venido a hacer. Saquearon dinero y pertenencias sin miramientos.

—Se llevaron todo lo que había —cuenta hoy su sobrino Alonso Martín.

Sentado sobre el sillón de barbero, bajo un babero cubierto de cabellos, al cliente sorprendido en pleno corte de pelo se le puso la cara más blanca que la pared. Aquel pobre hombre, al salir de la barbería no solo se hubo desprendido del cabello, pues despojado quedó también de sus zapatos, un bien muy preciado por aquellos hombres que *regastaban* suela en la rocalla hasta que casi la borraban. Descalzo quedó, y aun así agradecido, pues al menos la vida no perdió.

Aquel contexto del maquis escondido en la sierra, y de asustados labriegos, pastores y lugareños en medio de un fuego cruzado, continuó en El Torcal mucho tiempo después de finalizada la Guerra Civil. Trinchera en la sierra infinita, allá donde una casilla de campo pudiese albergar algo de comida, se convertía en blanco de estos huidos muertos de hambre. En ocasiones llegaron a secuestrar niños para pedir su rescate. Y sucesos mucho peores. Los habitantes que aquello vivieron, lo recuerdan con dolor: —¡Terrible, terrible!

Entre aquellos fugitivos sierra arriba tras la contienda, se encontraban dos zapateros en el pueblo de Villanueva de la Concepción: los hermanos Benítez. Acompañados de un tercer hombre, escaparon a las peñas protectoras huyendo quizá de alguna posible represalia. Permanecían por el día escondidos en la penumbra de su escondrijo, saliendo al menguar la luz delatora, hora de las criaturas de la noche. En silencio se deslizaban entre las sombras para enfilar el camino, montaña abajo, hasta las callejuelas oscuras del *Pueblecillo*. Llamaban a la puerta de sus clientes, entregándoles los viejos zapatos remendados, para de seguido recoger nuevos encargos. Recibían cobro por su laboriosa faena en forma de comida con la que llenaban escasamente sus vacíos estómagos.

Capacha el viejo conoció y trató a los hermanos Benítez. Relataría a sus hijos, con todo lujo de detalle, las vidas y desventuras que sufrieron para que nunca nadie olvidase jamás los padecimientos que tocó vivir a aquel par de pobres diablos.

Varias décadas después se hallaría el refugio donde aquellos proscritos hubieron pasado desapercibidos, inadvertidos a miradas delatoras, largos años escondidos en aquel oscuro escondrijo. En 1982, en la dolina del Hoyo de la Burra, emergieron las herramientas que empuñaron las callosas manos de los desterrados zapateros remendones.

Algunos parroquianos de mayor edad aún recuerdan a José Benítez, último superviviente de aquellos hombres que un día eligieron desaparecer del mundo escondidos en lo más recóndito de aquellas solitarias peñas.

Las historias de los hombres que bajaban de la sierra se repetían. Llegaban a los cortijos para echarse ya un bocado a la boca, ya dinero a la saca. Pero no todos cuantos huían permanecieron en el lado de los hombres buenos. Algunos, más de los deseados, saltaron al lado prohibido y, desde aquella oscura orilla que nunca debieron rebasar, recurrieron como forma de vida al pillaje o, lo que es peor, a la fuerza y la extorsión. Robos y amenazas se sucedieron en todos los rincones de la sierra.

El Caqui lo escuchó miles de veces en su mocedad:

—Esta noche han estado en El Robledillo. Han *afanao* jamones, y panes… —recuerda. La otra noche estuvieron en El Navazo, más de lo mismo.

Y es que "tenían que comer", exclama hoy tremendamente comprensivo.

No muy lejos de allí, Isabel, la hija del Patarra, parafrasea hoy en su propia boca aquellas palabras que, según le contaron, se oían de boca de los atemorizantes hombres de la sierra:

—Esa cabra me la llevo.

—Y se la llevaban, y ya está —añade ella.

—No podías decir nada.

Su vecino, el también pastor José Capacha, estando de guarda en la finca de La Alhajuela, conoció de las andanzas de estos huidos. El amo permitía a José labrar aquella tierra en provecho propio, así como tener guarros, ovejas y otros ganados propios. Lo acompañaba en la faena su pariente Pedro el Turrón.

En una ocasión —cuenta su hija Carmen—, entrada la noche, bajaron al cortijo un puñado de fugitivos a pedir comida.

—Pepe, mátales un borrego, y mientras lo guisas, pego un salto a Antequera y doy soplo al cuartelillo.

Fue la estrategia delatora del Turrón.

No esperaba la seca respuesta de su socio.

—Yo no soy de los que traicionan a gente tan necesitada como yo.

Y aquella sentencia zanjó el asunto.

Tras saciar sus huecas barrigas, los "invitados" se esfumaron en medio de la noche.

Capacha supo ponerse en las alpargatas de aquellos pobres miserables. Nunca les delató ante las autoridades. Era consciente del gesto de grave "colaboracionismo" que acababa de protagonizar, que le convertía en partidario de los perseguidos. Mas para él, la honra fue siempre lo primero en el corazón de un hombre.

Pero no todo parroquiano tuvo tan gallarda integridad.

En una ocasión, acudieron aquellos hombres hasta el cortijo de La Fuenfría, al otro lado de la sierra, en busca de condumio. Para su asombro, Alfonso Conejo, amo de la finca, se apostó en una ventana de la casona, abrió violentamente las porteras y, empuñando con fuerza su escopeta, sacó el cañón. Sin pensárselo dos veces, comenzó a disparar sin miramientos sobre aquellos indeseables, que salieron "escopeteados" como alma que lleva el diablo.

Cuál sería la sorpresa del ganadero cuando, entre carreras, sus asustadas víctimas comenzaron a gritar suplicando el cese de los disparos, y una de aquellas voces lastimeras le resultó harto familiar.

—Don Alfonso, que somos la Guardia Civil.

Para entender tan rocambolesca situación, retrocedamos tiempo atrás. A oídos del puesto de la Benemérita en el Pueblecillo habían llegado noticias de que, en aquel cortijo, su dueño Alfonso, durante las frías noches, repartía comida a los proscritos de la sierra que a él acudían.

Dispuestos los guardias a demostrar de una vez por todas la veracidad de tales acusaciones, una noche se vistieron con desgastadas ropas y, de paisanos, se hicieron pasar por un puñado de huidos pedigüeños. ¡Y diantres que por poco les cuesta a los civiles la mismísima vida!

Conejo demostraría aquella noche, sin atisbo alguno de sospecha, que él era fiel a la causa, y que en sus heredades no sería bienvenido ningún "malnacido" contrario a la causa nacional. Allá en La Fuenfría no se andaban con chiquitas para con huidos, proscritos y demás gente de mal vivir.

Desde entonces, jamás emboscado alguno se atrevió a pisar aquellos dominios.

—Y los hombres de la sierra ya no quisieron cuentos con la gente de La Fuenfría —cuentan hoy los más viejos del lugar.

\* \* \*

Otra de aquellas inesperadas "visitas" a inocentes aldeanos fue la acaecida en el cercano cortijo de La Alhaja. En el silencio de la noche, sonaron atronadores los violentos aporreos a la puerta. Les abrió María Ligero, su propietaria. Todos sabían que ella era una mujer con mucho dinero. La enorme capacidad de trabajo y ahorro con que toda su vida vivió le hizo acumular riqueza, información que no pasó inadvertida para los amigos de lo ajeno.

Ante las insistentes demandas, la buena mujer abrió de par en par sus alacenas para ofrecerles queso, jamones, panes… pero ellos no se contentaban. Querían, por encima de todo, engordar la saca.

—Danos dinero —le exigieron.

—Yo no tengo dineros —contestó—. Comida sí, pero dineros no.

Empecinados, pasaron a la acción. Comenzaron a registrarla. Le tantearon los bolsillos y siguieron hurgando cualquier escondite donde pudiese esconder cartera o monedero. Sus manos iban recorriendo el cuerpo de María, descendiendo poco a poco.

Aquello empezó a pasarse de castaño oscuro. Una cosa era robar, y otra bien distinta entrar en otros menesteres … ¡Y no era nadie María para defenderse en estas lides!

—¿Ustedes qué quieren: dinero o …?

Fueron las palabras que, enfurecida, bramó.

Un tenso silencio, que se podía cortar con navaja serrana, espesó toda la estancia... Aquellos segundos se hicieron eternos. La reacción de los aludidos podía inclinarse en cualquier dirección. Ni el mismísimo diablo habría adivinado cómo acabaría aquello.

Tras aquella eternidad, y ante tamaña tesitura, los atónitos asaltantes, amedrentados por el carácter de la indomable mujer, no supieron más que emitir, finalmente, unas nerviosas risitas de niños asustados… Echaron un pie atrás..., se pensaron todo aquello mejor y decidieron dar por zanjado aquel asalto largándose muy apurados con viento fresco.

María la de La Alhaja supo plantar cara a aquellos desalmados, como toda la sierra supo después hasta en el último de sus mentideros. Se había librado por muy poquito, y con ello también salvó su dignidad, lo último que había que perder. Ella contaría más tarde que las manos del más atrevido habían estado a escasos centímetros de su más valioso tesoro: la apretada cartera que contenía todo su dinero. Y es que segundos antes, bajo su ropa interior hubo alojado, durante aquel aporreo que a punto estuvo de echar abajo la puerta, todo el dinero que la pobre María guardaba en casa.

Lorenzo el Caqui siempre admiró a aquella valiente mujer que un día amedrentó a los más facinerosos y violentos salteadores de la sierra.

\* \* \*

El general Franco "recompensaba" a aquellos que le entregaban proscritos y traidores, ya fuesen vivos o muertos.

Hubo un hombre que convirtió en su modo de vida tan repugnante cometido. Lo llamaban el Lobo.

El Lobo vivía en el cercano pueblo del Valle de Abdalajís. Desde su guarida salía de cuando en cuando para acometer uno más de sus "trabajos". Al final de la dura jornada, volvía finalmente satisfecho, con la misión cumplida, sus manos llenas de sangre y la saca bien repleta hasta los topes.

Lobo no solo se dedicó a seguir el rastro de los proscritos hasta dar con ellos. También era capaz, el muy perverso, de embaucar a incautos "invitándolos" a delinquir para finalmente caer sobre ellos y castigarlos por tan ilícitos actos. Un ser de lo más despreciable.

Sabía elegir muy bien a sus víctimas. En una ocasión, engañó a dos jóvenes zagales, a los que convenció para, juntos los tres, "echarse a la sierra", tal y como hacían por aquel entonces muchos otros.

—Vamos a echar anónimos —les convenció Lobo. Los anónimos amenazantes, deslizados a hurtadillas en plena noche bajo la puerta de los cortijos exigiendo dinero bajo amenaza, estaban a la orden del día.

—Podemos ganar mucho dinero.

Engañados, se los trajo a la sierra, como cuentan hoy los parroquianos viejos.

Les había tendido una trampa, y los muy ingenuos mordieron el anzuelo hasta la gargantilla.

Aquel trío de "delincuentes", guarnecidos con pertrechos, víveres y armas, se establecieron en aquellas soledades. Caída la noche, se internaron en una de las mil oquedades que se abrían en El Torcal. Buscó cada cual acomodo, soñando tal vez con la nueva vida que les esperaba al amanecer.

Los rapaces cayeron dormidos. En pleno sueño, Lobo levantó fríamente su arma, apuntó a los pobres diablos y, con toda la sangre fría que siempre llevó en gala, disparó a bocajarro matándolos en el acto. A aquella gruta, escenario de tan tétricos sucesos, la llamaron la Cueva de la Muerte.

A primera hora del día, la imagen no podía ser más macabra. Los labriegos y pastores vieron aparecer por encima de La Fuenfría, procedente de lo alto de Sierra de Chimeneas, aquella mula de pelo cano tirada por Lobo. Sobre la grupa del animal, dos cuerpos inertes fuertemente amarrados a su lomo. Un ayudante cerraba la tétrica comitiva, sosteniendo la funesta carga para evitar su caída.

Como si cargamento de grano u otra mercancía común portasen, atrocharon tranquilamente sierra abajo. Y, a decir verdad, mercancía eran al fin y al cabo para Lobo, y no otra cosa, aquel par de pobres almas que el facineroso estaba a punto de cambiar por dinero. Enfilarían camino hasta las autoridades que premiarían aquella "proeza" con suculenta remuneración.

Cazadores de recompensas los hubo, en fin, dedicados a olfatear hasta sus últimos escondrijos de la sierra, eliminando sin perdón a huidos y perseguidos de la justicia. Gente sin escrúpulos como Lobo, el mercenario de la muerte, cruel y despiadado, que no dudó en engañar y asesinar por dinero, aprovechando la cruda situación reinante.

\* \* \*

Pero no fue hasta finalizada la guerra cuando el Estado entregó la propiedad de la sierra a manos privadas. Varios personajes, familias influyentes de la época, la comprarían a cachos, haciéndose con suculentos trozos de aquel pastel.

Los lotes de la sierra fueron repartidos en tierras y pastos para aquellos nuevos propietarios. Y las lindes se pintaron de un rojo intenso sobre las grises rocas de la sierra. Grafías que hoy perviven en medio de las solitarias peñas.

Cuentan los mentideros de la sierra que algún soplo delator sobre el paradero de aquellos proscritos pudo "influir" a la hora del reparto de tierras. Más tarde, se levantaría fiel documento legal de las nuevas propiedades, procediendo los señoritos entonces al justo pago por el valor de sus lotes.

Se cuarteó la sierra en seis grandes lotes y tres serían sus afortunados adquirientes. Un par de lotes para cada cual. Mitad de ellos en las cumbres —allá en El Torcal Alto— y la otra mitad en El Torcal Bajo.

# 7

# HISTORIAS DE LA GUARDIA CIVIL

Desde la finalización de la cruenta Guerra Civil, el campo se había convertido en un lugar muy peligroso, y la sierra aún más, pues era allí donde el mal tenía su guarida.

Muchas almas en pena, huidos de represalias, o víctimas, en fin, del hambre y la necesidad, recorrían las zonas rurales en busca de algo que echarse a la boca o, lo que era peor, en busca de víctimas para extorsionarlas y hacerse con sus propiedades.

Tras la contienda, desde los años cuarenta y hasta entrados los sesenta, el maquis se escondía por campos y sierras, cometiendo en ocasiones robos, secuestros y asesinatos, siendo severamente combatidos por la Guardia Civil.

*Patrullas de la Benemérita a caballo o a pie impusieron el orden a su manera en aquellos tiempos de caos. En la imagen, ante la conflictividad laboral agraria previa a la guerra, la guardia civil impide la entrada de huelguistas al cementerio durante el entierro de un manifestante. [Foto: A.H.M.A.]*

En el Sur del Torcal era habitual la presencia de pobres diablos que transitaban mendigando comida a las puertas de las casas de campo. Muy común fue el rebusque de espárragos silvestres para su posterior trueque por una hogaza de pan. Así de penosas estaban las cosas.

Para poner orden ante el caos de violencia e impunidad, existía un cuerpo militar que inspiraba respeto con solo mentarlo: la Guardia Civil.

Vocación "caminera" demostró desde sus orígenes el cuerpo armado. Su anhelo estuvo en proteger propiedades y vidas y velar por la seguridad y auxilio de transeúntes por los caminos de aquella España. Tal fue el empeño personal de su fundador, el Duque de Ahumada, especialmente preocupado por la vigilancia de los "Caminos Reales".

* * *

Ocurrió un día cualquiera de aquellos años, cuando dos lugareños recorrían la sierra a la captura de conejos y perdices. De pronto, recortados sobre el horizonte, aparecieron dos oscuros tricornios charolados. A aquel par de cazadores se le helaron los higadillos. Para todo hijo de vecino, aquellas patrullas rurales de la Guardia Civil imponían lo suyo, pues todo Dios conocía que en no pocas ocasiones actuaban con mano larga antes siquiera de decir "Ave María Purísima". Y es que a su particular manera entendían el precepto benemérito de ser "firmes sin violencia" que figura en su código moral.

—Alto a la Guardia Civil.

Gritó uno de los uniformados.

Portar un arma, aun siendo de caza, era algo muy controlado por las autoridades. Por ello les tuvieron los uniformados tanto interés.

Se comprobó que carecían de la documentación exigida para portar escopetas.

Los pobres hombres ya se imaginaban entre rejas, con sus huesos a la sombra, pues por entonces podías ser detenido por cualquier nimiedad.

Pero tan tensa y estática situación pareció vislumbrar un desenlace.

El propietario del cercano cortijo de Los González, Juan González, era persona conocida por los miembros del instituto armado. En las largas noches en que tormentas y otras inclemencias del tiempo arreciaban en mitad de sus rondas de vigilancia, la pareja de civiles se refugiaba en su vivienda llegando incluso a pernoctar en ella. Era común que llegasen a almorzar o cenar en las casillas por las que transitaban en mitad de sus patrullas. Numerosas fueron las jornadas en que almorzaron en La Fuenfría para, horas después, cenar y echar noche en el cercano cortijo del Navazo.

Y es que era mester llevarse bien con ellos. En La Fuenfría acostumbraban a regalarles trigo del cosechado en la finca. El cabo que se encontraba acuartelado en la población de Villanueva de la Concepción bien que se lo encomendaba a sus subordinados: "En la ronda por La Fuenfría no se os olvide traerme mi poquito de trigo". Y Alfonso Conejo le regalaba su cereal con la mejor de las sonrisas

En una ocasión, en su ronda hacia el Navazo, circulaba la pareja de guardias a la vera de la Casilla Colmenarejo. Allí, la familia de Lorenzo el Caqui siempre había procurado tener plantada mucha zahareña en arriates, macetas y campo en derredor.

—Las usábamos para tratar las heridas que pudiesen hacerse las bestias —recuerda él.

Y es que desde muy antiguo es conocido el poder cicatrizante de la llamada comúnmente rabo de gato.

—Y para heridas nuestras también, vamos —apostilla. Las tomaban ante cualquier pequeño corte, pues evitaba infecciones y reducía la inflamación.

El cabo no dudaba en solicitar a la madre de Lorenzo si era tan amable de prepararle una de aquellas tisanas de efectos milagrosos que ella sabía preparar. Mano de santo eran siempre por sus efectos calmantes sobre el estómago de aquel pobre cabo, que con frecuencia se quejaba de serios problemas digestivos.

Volviendo a nuestra historia, el bueno de Juan González intercedió por aquellos hombres en apuros y explicó elocuente a los guardias que no había nada que temer, pues él respondía por la honradez de los mismos.

—Son vecinos conocidos y de buena reputación que tienen varios chiquillos. Si los llamáis del cuartel acudirán y jamás se esconderán.

Era además comprensible que la gente echase mano de lo que el monte le diese, y la carne de perdiz o de conejo de monte era una fuente de proteínas que en aquella época de hambre y necesidad no se debía dejar pasar.

Aquel día, relata Juan Benítez[31], el par de acongojados parroquianos quedó libre, merced al mediador. Salieron por patas como una bala, antes de que los guardias cambiasen de opinión.

Tan alto fue el grado de confianza que depositaron los números sobre aquellos propietarios de fincas que, en ocasiones, ellos firmaban la hoja que atestiguaba el paso de la patrulla por sus predios, y que al término supervisarían los superiores. Al igual que hiciese el propietario de la Fuenfría, también el padre del Caqui —e incluso él mismo, como hoy bien recuerda— imprimieron su firma dando fe de la uniformada visita.

Continuaron haciendo aquellas rondas a pie hasta mediados los años sesenta del pasado siglo. Las patrullas a caballo llegarían más tarde, mas no lo harían en todas partes, pues se trataba de un más que costoso medio de transporte que no siempre se podían permitir.

Recuerda Benítez que aquella patrulla rural recorría el sur del Torcal tras haber partido de buena mañana desde el cuartelillo del Valle de Abdalajís. Tras atrochar ruta se encontraba con otra segunda patrulla procedente del Cuartel de Antequera. En el punto de encuentro, allá en el Arroyo de Los González, junto al "Olivo de los Pies" —bien que lo recuerdan los más viejos del lugar— dábanse novedades, y tras departir relajadamente, se despedían al cabo para desandar cada cual su camino hasta volver de nuevo al lugar del que iniciaron su jornada.

Y es que desde hace ya 178 años se encuentra este cuerpo armado recorriendo los campos y caminos, para poner orden y dotarlos de seguridad. Todo ello desde aquel año 1844 en que el Duque de Ahumada lo fundase, a imitación de la gendarmería francesa. Por aquel entonces, los bandoleros recorrieron la sierra durante el siglo XIX y principios del XX, trayendo de cabeza, durante un tiempo en que de seguro se les hizo bien largo, a estos representantes rurales del orden[32].

Si los *undunares* —los guardias civiles en el lenguaje calé— te daban el alto deambulando en mitad de la sierra, te atosigaban a preguntas:

---

31.- Benítez, J.A. (2010). *Al Sur del Torcal: un rincón de Andalucía*, Arguval.

32.- Monzón, A. (30 de marzo de 2019). 175 años de la Guardia Civil: la España que se puso el tricornio. El Independiente. https://www.elindependiente.com/tendencias/historia/2019/03/30/la-espana-que-se-puso-el-tricornio/

*Fueron frecuentes los altercados, previos a la contienda, entre la guardia civil y*
*manifestantes. En la imagen, presencia de la benemérita ante la quema de la*
*Iglesia de La Trinidad, en Antequera, el 28 de marzo de 1932. [Foto: A.H.M.A.]*

"¿De dónde viene usted? ¿A dónde se dirige? ¿Para qué?"

A colación de aquella "intercesión" que, en favor de algún transeúnte, otorgaba la palabra de un vecino de buena familia ante las patrullas, se echó mano de un instrumento muy particular. Se trataba del "salvoconducto".

Cuenta el vecino Juan Pozo que, en cierta ocasión, al sur del Torcal, se dio el caso de un paisano que pidió a un conocido propietario que le firmase uno de tales salvoconductos.

—Si ibas a atravesar la sierra hasta Antequera, era mejor que llevases un salvoconducto —comenta Juan.

Numerosas fueron las ocasiones en que, ante la necesidad de los paisanos de emprender el camino desde el sur, a través de la sierra, hasta Antequera, para realizar compras, encargos u otros menesteres, rogasen a estos propietarios:

—Fírmeme usted, hombre, por si me para la guardia.

Dábase la circunstancia de que con frecuencia los dueños de fincas tenían ciertos estudios, y sabían escribir, a diferencia del común de los paisanos.

—Bueno, yo te lo hago —respondió amable el cortijero—, pero que sepas que esto no te sirve para nada.

Y allá que iba aquel parroquiano con su documento guardado en paño, sintiendo portar al bolsillo cual documento con sello papal en plomo. El escrito daba fe del nombre del portador, hijo de quién, y que se trataba de persona de buena conducta.

De pronto, en mitad del camino, aparece ante él la verde pareja bajo tricornio.

—¿Usted dónde va?

El hombrecillo, seguro de sí, saca con grave solemnidad su "salvoconducto", mostrando al agente la misiva. Este le echa un vistazo despectivo y, tras repasarlo con desgana, exhorta rotundo:

—¡Esto no le sirve para nada!

—Pues eso mismo es lo que me dijo quien me lo hizo.

—Ríe muerto de la risa Juan Pozo, al parafrasear las palabras de aquel pobre ignorante.

# 8

# PARRÓN, EL LADRÓN DE UVAS

Un frío día de invierno, el pastor Pepe Parrón echa a volar su imaginación. Recuerda oír mil veces la voz susurrante de su padre relatando, al calor de la lumbre, la vida y obras del bisabuelo Bastián.

*Pepe Parrón desciende de una saga de profunda raigambre entre los moradores de El Torcal [Foto: Tony Smallman]*

Este *remanecía* del pueblecito del Valle de Abdalajís, cuna de esta saga. Vino al mundo cuando los estertores del XIX abrían las puertas al moderno siglo XX.

Muy pronto enviudó. Con tres hijos a su cargo, decidió pasar un invierno, prole a la espalda, resguardados todos en una casucha que por entonces se erigía sobre la sierra, en las cercanías de Los Navazos. La llamaban el Caserón Gorrón. En los solitarios predios de la Majada Larga bregó afanoso guardando con celo los animales del amo, propietario de aquella tierra y su ganado. Hoy se adivinan, diluidas por el tiempo, las derruidas dependencias que albergasen al rebaño. A su lado, el humilde chozo en que, apretadas, aquellas cuatro almas se alojaron durante los gélidos meses del invierno en El Torcal.

En una época en que las mujeres se encargaban de cuidar a la prole y los hombres trabajaban, Bastián hizo de abnegado padre y madre en medio de aquellas solitarias cumbres.

Pero su carácter no era lo que se dice sencillo. Hosco y recio, era de trato desabrido. Bien que lo sufrieron sus hijos y hasta los nietos.

—Una persona muy antigua y muy dura… que por menos de nada te daba un cocotazo y salías *roando*.

Pepe no llegó a conocerlo. Tres generaciones los separaban.

Toda su vida la dedicó Bastián a cuidar de ganado ajeno. Hasta que, pasados los años, recontando por enésima vez sus ahorros, comprobó satisfecho que el trabajo de toda una vida había dado por fin sus frutos. Con los preciados cuartos que hubo atesorado compró un terruño faldas abajo de la sierra, allá donde los pies de Las Escaleruelas se hacían monte. Una cuadra por único y precario edificio, sobre cuyo establo edificaría la vivienda. Fue entonces, tras toda una vida plagada de penurias, cuando pudo afirmar que por fin "rehacía su vida", en palabras hoy de su bisnieto.

Cuenta el bisnieto que su antecesor de niño estaba siempre con sus dos mejores amigos, incondicionales compañeros de travesuras un día sí y otro también.

Con mucha frecuencia, los tres pillastres acudían a una enorme parra, atraídos por el dulce sabor de los apretados racimos de uvas.

—Vamos a comer uvas allí al parrón —recrea hoy el pastor, poniendo en boca propia las palabras del niño Bastián que incitaba así al festín a sus compañeros de correrías, los cuales gastaban tanta o más hambre que él.

Tanto acudió aquel trío Calavera a la vieja parra, que los vecinos bautizaron a los inquietos zagales con el sobrenombre de los Parrones. Con el tiempo, de la troica de pequeños ladronzuelos de uvas solo Bastián conservó el apodo. Desde entonces, fue conocido por todos como Bastián Parrón. Durante cuatro generaciones sus descendientes han transmitido el sobrenombre. He aquí el granítico poder de las tradiciones en el campo y en el mundo rural.

Pepe Parrón porta el apodo con orgullo. Para él no es solo un mote, sino un estandarte que le recuerda de dónde viene, y le retrotrae a la historia de sus antepasados, aquellos que le precedieron.

Él conoce la vida de sus ancestros. Ya sea por propia experiencia o a través de relatos de sus padres y abuelos, a sus predecesores los tiene siempre presentes. Su recuerdo ancla a Parrón sus raíces en esta tierra. Se refiere al bisabuelo, a quien nunca conoció, por su nombre de pila, como si el viejo anduviese aún cancaneando por casa. Y muestra empatía y sincera comprensión con él y con todos sus antecesores. Fueron, a fin de cuentas, personas de carne y hueso, con sus virtudes y sus defectos.

El respeto a los mayores, y esta particular forma de recordar las vidas pasadas que les ancla sus raíces en esta tierra, solo ocurre en el mundo rural. La ajetreada vida de la ciudad olvida rápido lo que no es inmediatez. Para rememorar se necesita serenidad y tiempo, y de eso, estos parroquianos andan bien sobrados. Porque aquí, "la vida de los muertos pervive en la memoria de los vivos", coincidiendo con la máxima de Marco Tulio Cicerón. Y mientras no desparezcan de nuestra memoria, seguirán vivos entre nosotros.

\* \* \*

Como si de tal palo derivase inexorable tal astilla, el hijo de Bastián, José Pérez Griñón, no fue tampoco una persona de trato fácil.

—De mi abuelo, los recuerdos que tengo no son muy buenos —ríe irónico el Parrón—. Me ponía a cavar olivos, y yo era apenas un niño. O me ordenaba talar los chopos, al borde mismo de un profundo pozo de agua al que podría haberme precipitado. Su único interés para conmigo era que trabajase, y nada más.

Similar trato repartiría maese Griñón entre sus hijos y, por extensión, a todo familiar que tuviese la desdicha de encontrarse en su órbita.

Por el contrario, para sí se reservaba la mayor de las vagancias jamás conocida. La yunta de mulas que guardaba para faenar el campo sufría más hambre que Carpanta. No se le pasaba por la cabeza el poner un poco de heno en el pesebre, fuese a ser que se deslomase.

Su única actividad en la vida —continúa relatando el pastor— era sentarse al fuego, bien liado dentro de su manta para no pasar frío, mientras arrojaba a la chimenea la poca paja que quedase en casa, para mantenerse él caliente, aunque mientras tanto se matase a trabajar muerta de frío el resto de la familia.

Era tal la alergia que en maese Griñón provocaba el trabajo, que ingenió un modo de obtener ganancia simulando enfrascarse en dura faena. Apañó utensilios y herramientas, utillaje para su representación, y anduvo la cuesta de Las Escaleruelas.

Armado cual peón caminero, se dedicó a amagar que apañaba tramos en mal estado, parcheando acá, simulando que lo hacía acullá.

Aquel camino que comunicaba casas y aldeas era, por entonces, paso obligado para multitud de vecinos y transeúntes que, a pie o a lomos de sus bestias, a diario lo transitaban.

En lugar visible y estratégica ubicación, colocó una hucha metálica que a relativa distancia controlaba de reojo, lanzándole de continuo furtivos y disimulados vistazos. No le apartaba el ojo. Alcancía de sonora caja que resonase al caer las monedas en su interior. Los viajeros, al ver el "noble y voluntarioso" trabajo que aquel menesteroso hombre hacía en favor de la comunidad, sentían un sincero impulso por corresponderle depositando agradecidos "la voluntad" en aquella alcancía.

Mas poco a poco al pícaro Griñón lo fueron calando, y aquellos parroquianos que con frecuencia franqueaban el puerto advirtieron que tan solo empuñaba las herramientas, con grave expresión en su rostro, cuando alguien pasaba a su vera.

—Con el tiempo, fueron solo guijarros lo que terminasen depositando en su vieja hucha de hojalata —cuenta hoy entre risas su nieto.

El muy ingenuo se frotaba las manos al oír depositando cada cual tan sonoro donativo, mas cuando al final de su "dura" jornada laboral ansioso acudía a comprobar la cuantía del "merecido" jornal... se llevaba el chasco padre. Su gozo en un pozo. Allí dentro había más cantos rodados que en el río.

Y es que diéronse cuenta del cuento, y en piedrecitas se tornaron lo que monedas en un principio fueran. Ese era el pago por su trabajo, sonoros chinarros sin valor alguno.

Aquel hombre tenía cosas de peón caminero. Si solo movía piedras, más de lo mismo recibiría. Ese fue el ojo por ojo de esta tierra que te pagaba con tu misma moneda. Piedra por piedra. Mas aquello no lo desalentaba, pues cuentan que más dura tenía la jeta, el pícaro de maese Griñón, que las piedras que en justiprecio le apoquinaban.

**P**ero los designios del señor son inescrutables. Y como de todo florece en su viña, lo que a unos dio con escasez, a otros otorgó con generosidad. Si maese Griñón fue como la quina verde, la mujer con quien unió su vida sería el extremo opuesto. La bondad con pies, o mejor dicho, sobre mula. Cuando Adela, canasto bajo el brazo y a lomos de su acémila, asomaba por la linde dejando la sierra atrás, todo dios la reconocía. El común de los vecinos la adoraba. Los oriundos más veteranos de La Joya y Los Nogales aún la recuerdan con devoción.

Mandadera de mil recados, Adela fue uno de aquellos preciados recoveros de la época. Cuando el sur del Torcal adolecía de comunicaciones, y escaseaban los productos de necesidad que la tierra no producía, la población de Antequera, allende la sierra, constituía el punto de suministro de vituallas mil. Y allá que aquellos incansables porteadores de variopintos artículos, verdaderas tiendas ambulantes de la época, hacían de enlaces a lomos de sus bestias, encumbrando la sierra para enlazar ambos territorios. Nunca oyeron hablar de "nichos de mercado" o "ventanas de oportunidad", pero en su más íntima esencia conocían hasta la médula su significado.

Hicieron negocio y favores, desempeñando como nadie tan esenciales servicios en la vida cotidiana de aquellos moradores del mediodía torcaleño.

Pepe Parrón recuerda con sumo cariño la nobleza de aquella mujer, una señora de pies a cabeza. Para él es la abuela Adela.

Ella vivía con su marido en una casita pequeña al pie norte del Puerto de las Escaleruelas, la Casilla Serranito, en las lindes del histórico encinar Dehesa de Potros.

La actitud harto desenvuelta de aquella mujer, a quien todos siempre veían yendo y viniendo sola, cargada hasta los topes con sus mil mercaderías, hizo que muchos creyeran que era viuda. A lo que contribuía sobremanera la ingrata desidia de su marido, el displicente y vil Griñón.

Testimonios sobre ella se oyen aún hoy entre los vecinos de estos pueblitos. Tal es el caso de las historias recopiladas por Juan Benítez[33]. Mérito tuvo la hacendosa Adela, pues ni leer ni escribir sabía.

—Les pedía a sus clientas que en un papel le escribieran sus nombres y lo que querían encargarle, entregando la lista en la tienda —cuenta Benítez.

Al tiempo se percató de que una de ellas, mientras cumplimentaba la lista de deseos, dirigía su otro ojo, pues era camaleón bien ejercitado en tales artes, para curiosear sin pudor las peticiones de sus vecinas. Adela, no dispuesta a seguir permitiendo los atrevimientos de aquella chismosa, cambió de método y comenzó a guardarlo todo en su memoria. No fueron pocas las listas de artículos que en sus largos años de recovera Adela tuvo que recordar, adiestrando así una envidiable memoria.

Pero si había una época del año en que la llegada de Adela fuese más ansiada que nunca, esa era la Navidad, y en especial el día de Reyes Magos. Como si de un paje real se tratase, extendía como emisaria la labor de los sabios de oriente hasta este perdido rincón del sur del Torcal. Donde no alcanzaban a arribar las regias cabalgaduras rebosantes de regalos, allí recalaba Adela a lomos de su borriquillo cargado hasta los topes. Con los puñados de cartas en sus manos, escritas por los ansiosos niños para sus majestades, rebuscaba hasta la última tienda de Antequera en pos de aquellos regalos, como recuerda hoy con cariño su nieto Pepe Parrón.

Y aquella mágica mañana, los grandes ojos abiertos de los niños emocionados, que apenas habrían dormido comidos por los nervios aquella larga noche, reflejaban el brillo de su ilusión, aunque tan solo fuese por un día al año.

Los pequeños no lo sabían, pero no era otra que aquella humilde recovera que de cuando en cuando veían aparecer sobre su borriquillo, quien colmaba por Navidad los deseos de todos los niños de esta tierra.

33.- Benítez, J.A. (2010). *Al Sur del Torcal: un rincón de Andalucía*, Arguval.

En una ocasión —recuerda Benítez—, una vecina encargó a Adela que le trajese un caballito de madera, la fantasía de su hijo. Aquel día, la recovera sacó de su envoltura el hermoso caballo tallado, ante la ilusionada mirada del pequeño. A la madre, cuando oyó de boca de Adela la cifra a que ascendía el infantil objeto de deseo, le subió una clase de calor hacia arriba y, con todo su dolor, contestó:

—Esto no es lo que yo encargué.

—El niño comenzó un llanto sin consuelo —relata—. Adela no pudo soportar ver llorar al niño y le regaló el caballito, algo que ella misma no habría podido comprar a sus propios hijos.

Así era la buena de Adela, ternura sin límite.

Adela gustaba de ir acompañada de su hija pequeña, María Teresa, en las visitas a los clientes. ¡Quién sabe, algún día podría heredar el oficio de recovera, y debía aprender mañas!

Llegó un día muy especial. Su pequeña hizo la Primera Comunión y, como cuenta el cronista, Adela quiso llevarla consigo, presentando en sociedad a su pequeña princesa que acababa de recibir el sagrado sacramento.

María Teresa recuerda hoy cómo fue aquel momento en que, a las puertas del pueblito de La Joya, se detuvieron y allí, su madre, henchida de orgullo, comenzó a vestirla de blanco con el inmaculado traje de su recién celebrada Primera Comunión. Y montada en su borriquilla, la pequeña Teresita, tal vez la persona más feliz aquel día sobre la faz de la Tierra, fue repartiendo los recordatorios de tan sagrado acontecimiento. Los vecinos fueron recibiendo a la chiquilla con la más cálida de las acogidas, obsequiándola con algunas monedillas que apenas cabían en sus pequeñas manos.

No solo besos y abrazos recibiría, pues al final de tan "fructífero" peregrinar visitando casa por casa, Teresita hubo recaudado hasta mil pesetas. "Toda una fortuna para esa época", apostilla Benítez.

A la abuela Adela nunca le robaron en la sierra —cuenta hoy Pepe Parrón—. Si el atardecer era la hora peligrosa que aprovechaban los asaltadores en el puerto de montaña de Las Escaleruelas, ella evitaba atravesar la sierra en tan crítico momento.

En más de una ocasión, atareada con mil recados, se le echó encima el final del día, sin darle tiempo a realizar la casa. Pero siempre contó con la incondicional ayuda de los parroquianos. Como relata Benítez, "si Adela necesitaba hacer noche, algunas personas le ofrecían su hogar y una cena calentita". Bondad y lealtad inquebrantable por parte de sus queridos convecinos.

* * *

Como bien recuerda el vecino Paco de la Huerta, los recoveros fueron aquellos comerciantes cuyo negocio se basaba en la recova. Iban recorriendo granjas y casas de campo, y en su trasiego compraban huevos, gallinas y otros bienes similares para su posterior reventa. Con el paso del tiempo ampliarían su negocio a un amplio abanico de mercaderías.

Adela fue uno de aquellos legendarios recoveros, viajantes de entonces. Como acertadamente los define Benítez, se trataba de vendedores ambulantes que, atravesando los polvorientos caminos rurales, iban de casa en casa, portando en sus canastos aquellas mercancías. A pie o en bestias, hubo —asevera— recoveros para ricos y recoveros para pobres.

Entre los primeros, vendedores como los Padillas portaban sus artículos a lomos de tres bestias, visitando solo cortijos de más alcurnia. Similar proceder seguiría otro recovero: el Peñas.

Pero abundaron sobre todo aquellos que abastecieran a los habitantes más humildes. El cronista recoge, de su puño y letra, historias de aquellos recoveros, testimonios orales vivos transmitidos por los más mayores del lugar. Personajes que trasegaron de una casilla a otra Paco Roque, Cristóbal Casitas, Guiñones o Francisco Camuña, cuyos pasos continuaría su hijo. Camuña y Adela fueron los últimos supervivientes de este viejo oficio. Con ellos desaparecieron para siempre de esta tierra.

Los recoveros de ricos tenían menos clientes[34], pero eran de más posibles, amén de pagar al momento de la transacción, lo que era una bendición. Por contra, los que avituallaban a los más pobres aunaban extensa clientela, aunque esta se las veía y deseaba para saldar su deuda. Era entonces común costumbre el dejar *fiao* hasta que juntasen cuartos suficien-

---

34.- Benítez, J.A. (2010). *Al Sur del Torcal: un rincón de Andalucía*, Arguval.

tes, hecho que ocurría en el mes de agosto, cuando acaecía la recogida de la cosecha. Una vez más, el calendario de las labranzas determinaba la dinámica de sus vidas. Con las ganancias obtenidas ajustaban la cuenta, acoquinaban lo endeudado, para de seguido volver a abrir una nueva cuenta. Y vuelta a empezar.

El trueque fue, hasta no hace mucho tiempo, un modo común de pago. Se intercambiaba, así, el producto recibido por chivo, gallina o huevos de corral de producción propia, y hasta por pleitas de palma, elaboradas artesanalmente con palmitos de la sierra. Como recoge Benítez, "más de una vez pasaban hambre y no se comían los huevos, para reservarlos para los recoveros". Aquellos animales, cabritos y gallinas, se amarraban de las patas sobre el mulo y eran llevados por el recovero para revenderlos posteriormente.

Chicas casaderas ilusionadas con su futura boda se dejaban los ojos tejiendo durante largas noches a la luz del candil. Modestas manufacturas que les permitirían pagar mediante tan antiguo canje, logrando adquirir algunos de aquellos hermosos artículos que destinarían para su preciado ajuar. "Mercancías que el recovero exhibía colgadas a lomos de su bestia", como relata Benítez.

En ocasiones, los recoveros hacían noche en la barriada de La Higuera, en casa de Juan Lucas, que hacía las veces de posada. Hasta cuatro recoveros podían reunirse allí una misma noche.

Pero si mil mercaderías trasladaron de aquí para allá aquellos mercaderes, también serían portadores de otro objeto no menos anhelado. En una época y lugar en que comunicaciones y transportes brillaban por su ausencia, y raro era quien se movía varios kilómetros a la redonda, los recoveros transportaron consigo, a través de montes y sierras, información y noticias de la ciudad a estos predios olvidados.

Alonso Martín aún recuerda los recoveros que alcanzaban el sur del Torcal procedentes de términos como Almogía. Viajantes almogianos que portaban consigo —añade— café, azúcar, arroz y otros alimentos que esta tierra no paría. Y aquí sería donde los mercaderes ambulantes adquirirían los encargos que les fuesen demandados en Málaga capital, como gallinas o pleitas, elaboradas por los parroquianos durante las noches, luego de haber invertido largas horas de trabajo por todo el día.

Si desde el sur arribaron procedentes de Málaga y Almogía, el norte sería cubierto por aquellos otros recoveros que, provenientes de Antequera, atravesaban el Puerto de Las Escaleruelas.

Las pieles constituyeron preciada mercancía en aquellas transacciones. Hasta a un concurrido almacén peletero de la antequerana calle Calzada —recuerda Alonso— acudían los recoveros, cargados con apretados fardos de pieles a lomos de sus bestias. Allá les comprarían los pellejos de cabras y mulos que hubieren muerto en las explotaciones.

# 9

# LAS FERIAS Y LOS TRATANTES
# DE GANADO

Hasta tiempos relativamente recientes, los predios del sur del Torcal han mantenido un modo de vida sin grandes cambios. Como si el tiempo no hubiese pasado por ellos, conservaron un secular modo de vida autosuficiente, arraigado en la tierra.

Atesoraron un reservorio de conocimientos y prácticas en contacto con los animales y el campo. Una muestra de tan antiguo saber aún pervive en el lugar.

Aquella atmósfera queda ilustrada en nuestra imaginación con las anotaciones de Benítez al dibujar unos moradores en plena crianza de sus animales, obteniendo alimento para consumo propio: cerdos a la espera de su San Martín, gallinas de corral y huevos recién puestos. Producían también mulos destinados a convertirse en la fuerza bruta con que labrarían sus campos.

Buena parte de este fruto lo venderían a la vecindad, distribuyendo así tan preciados recursos. Beneficios con los que adquirirían semillas y abonos para garantizar nuevas cosechas, cerrando así el ciclo de la vida, en armonía con la cadencia de las estaciones.

Obtenían los granos destinados a la molienda, para finalmente amasar y hornear el pan de cada día.

Sudaron ora doblando la espalda para segar las avenas, ora alzando los brazos al cielo para arrancar los frutos de los árboles. Extraerían así las aceitunas de sus olivos, tomarían prestadas bellotas de las encinas, recolectarían chumbos, almendras, higos y ciruelas, complementando así su dieta.

Siguiendo heredadas recetas, elaboraron y prepararon aquellos alimentos al calor del fuego sobre leñas y picón que tomaron del monte y de los chaparrales vecinos. De este modo, en medio de aquella secular economía de subsistencia, con muy poco salían adelante.

\* \* \*

Había una fecha, remarcada en el almanaque, por todos esperaban como agua de mayo. Una época en que personas de diferentes procedencias se daban cita movidos por un interés común: la compra, venta o intercambio de los animales que destinaban al laboreo de sus labrantíos, amén de las reposiciones en los rebaños ganaderos. El negocio estaba servido en aquellas transacciones, pues hubo quienes revendían los animales recién adquiridos, alzando el precio y obteniendo el consiguiente beneficio, como comenta Benítez.

En aquellos mercados de bestias que conformaban las ferias de ganado proliferaban en animada miscelánea hatajos de mulos, burros y potrancas, junto a vacadas y piaras de ovejas o cabras, sin olvidar orondos cochinos.

*El bullicio se adueña del lugar entre equinos y humanos.*
*Mercadeo de animales para el laboreo de los campos. [Foto: A.H.M.A.]*

—Mientras más ferias de ganado había, más oportunidades de vida —exclama hoy Alonso Martín, recordando la importancia de tales encuentros comerciales para tan exiguas economías rurales.

Mas se congregaban allí no solo campesinos humildes. Propietarios de cortijos y grandes fincas acarreaban hasta aquellos mercados de lo vivo muletos y potros llenos de vitalidad que criaron durante todo el año. Con los ingresos de tales ventas sufragarían el mantenimiento de sus propiedades y hasta el sueldo de los jornaleros.

Bien sabe de todo aquello Paco el de la Huerta, pues la venta de surtidos lotes de mulas y potros constituyó una de las principales fuentes de ingresos de la finca familiar.

*Las mulas eran protagonistas esenciales en las transacciones de las ferias de ganado.*
*[Foto: A.H.M.A.]*

Era el pistoletazo de salida que arrancaba un bullicioso trasiego de animales, entre relinchos y balidos, arriados por ávidos tratantes a pie o sobre caballerías, que inundaban la extensa red de caminos y trochas, aquellos que comunicaban desde muy antiguo los lugares de producción ganadera —donde descollaba con méritos propios el territorio sur del Torcal, englobando a Los Nogales, La Higuera, La Joya o Villanueva de la Concepción— con los destinos que en tal momento celebrasen su correspondiente feria.

*El traslado de rebaños de ganado vacuno fue constante a lo largo de aquellos viejos caminos pecuarios [Foto: el autor]*

Aquellos rebaños levantaban a su paso el polvo del tiempo, mientras recorrían vías pecuarias y caminos de herradura hacia el mediodía torcaleño. Arribarían a tierras de Álora, Cártama o Pizarra, pudiendo continuar hasta Málaga. Y llegado el momento, la brújula volvería a girar, marcando de nuevo el rumbo hacia el norte, haciendo remontar a los tropeles la cumbre de la sierra, para ascender el Puerto de Las Escaleruelas, desde cuya altura divisaban su destino: Antequera, mas también Mollina o Villanueva del Rosario. Aquel contagio de ferias culminaba en el pueblo de Villanueva de Tapia. Allá, tratos apalabrados en mercados precedentes, aún en el aire y sin culminar, encontraban su última oportunidad para ser sellados en firme apretón de manos, como venía haciéndose desde siglo y medio atrás. Fue aquella que tuvo a bien denominarse la "Feria del Entredicho". Aún reverberaba el eco de un evento acaecido meses antes de la feria, cuando se oyeron en el aire sonoros cantos improvisados, coplas en quintilla cantadas al ritmo de fandango cortijero, genuino cante de poetas que desde antiguo venía siendo interpretado en este escenario de la poesía oral improvisada[35].

Lo importante de un viaje comienza en el camino. En el trayecto hacia la feria, los comerciantes de ganado iban conduciendo sus piaras a su paso por casillas de campo y cortijos que afloraban como setas a la orilla

---

35.- Galeote, M. (30 de junio de 2005). Figuras de la poesía improvisada en Andalucía. *Analecta Malacitana Electrónica*, nº17. http://www.anmal.uma.es/numero17/Galeote.htm.

de la realenga. Moradores que salían curiosos a las puertas, poniendo su mirada fascinada sobre aquel palpitante bestiario que ante sus ojos desfilaba. Los tratantes comenzaban pronto a realizar las ventas, antes siquiera de llegar a su destino. Y es que no eran pocos los interesados en adquirir, a las puertas de casa, aquellos briosos animales.

—En muchas ocasiones, no podías evitar encapricharte con alguno de aquellos animales —afirma el pastor José María Caro—, que quizá el tratante pudo haber adquirido varios cortijos atrás.

Así fue como, en más de una ocasión, el viejo Frasco Patarra se hizo con algún formidable macho cabrío de los que se criaban en la región. Los ejemplares locales de esta pura raza, la malagueña, gozaban de gran calidad y vigor, con lo que la res adquirida inyectaría sangre nueva a su cabaña caprina. Para rematar la faena, Frasco lograba vender al tratante alguna de sus cabrillas que ansiaba desde largo tiempo dar largas. Tal vez sería endosada en la siguiente estancia, o a lo sumo en la feria de destino... y así todos contentos. Los hubo especializados en el trato de ganado menor, principalmente la cabra, y otros en ganado mayor, donde yeguas, caballos y mulos fueron eran su objeto de deseo.

Aquellos comerciantes de bestias servían así como vector de intercambio genético entre distintos puntos de producción de aquel acervo animal que constituía la cabaña ganadera del término. Granjas y ganaderías de los contornos se enriquecían con aquel patrimonio pleno vitalidad de gran capacidad reproductora.

—Los tratantes podían arrancar con unas quinientas cabras, y al poco quedarles tan solo la treintena. Para, pocos días después, volver a ponerse en las cien cabezas —cuenta muy ilustrativo José María. De esa guisa iba el negocio de aquellos corredores de ganado.

Alonso Martín recuerda los espectaculares pasos de ganado, que incluían hasta piaras de cerdos.

Y ante los ojos de Antonio el de la Fuenfría se desplegaron los largos rosarios de yeguas que, procedentes de las sureñas tierras de Almogia, subían a lomos de la sierra para trochar por la cercanía de sus dominios. De seguido, descenderían sin freno el montuoso paso de las Escaleruelas hacia el mercado ferial.

Ceremonioso era el desfile entre relinchos de briosas hileras de equinos que, relata el parroquiano Juan Pozo, recorrían la vía pecuaria cruzando el cortijo de La Torre. Era todo un espectáculo.

Un importante punto de arranque desde el que se fletaban largas recuas de yeguas en su periplo hacia la feria antequerana fue la Finca Cherino, a escasos kilómetros al sur del Torcal. La imagen de aquellas nutridas puntas de cuadrúpedos aún pervive vívidamente en la memoria de los más mayores del lugar.

Juan recuerda cómo allá en La Higuera, acercándose la fecha de la anhelada feria en la cabeza de comarca, los propietarios interesados iban organizándose, montando una gran comitiva de bestias, donde disponían en ordenada formación aquellos de sus mejores animales que destinarían para la venta.

—Iban siempre con cuentas de mejorar —cuenta hoy Juan—: su afán, volver de aquel mercado con el bolsillo bien abultado tras la transacción. O, incluso de ser posible, trayendo consigo en la venida, animales con más valor que los de partida.

Aunque no pocas fueron las veces en que, a su pesar, llegaban a casa peor de lo que salieron. Engañados y trasquilados. Porque los tratos son así.

—Y es que unas veces se gana y otras se pierde —sentencia concluyente.

De niño, Pepe Parrón asistía con su padre a la Feria de Antequera, como lo hacían también todos los ganaderos del entorno. Eran ojos expertos ávidos por conocer los ejemplares congregados, con los que se habían dado cita criadores oriundos y forasteros. Ningún año faltaron los Parrón al encuentro, por nada del mundo se habrían perdido padre e hijo aquella cita inexcusable.

Miraba papá Parrón cada detalle con los ojos sabios de quien entiende del género que allí se expone. Comentaba con otros pastores en acalorada discusión, comparaban, señalaban el defecto de aquella borrega, el porte elegante de ese otro macho cabrío, o las generosas ubres bien lecheras de una enorme vaca Castellana.

*Papá Parrón sintió desde siempre una especial afinidad por el ganado y los animales del campo [Foto: Tony Smallman]*

Y es que la feria ganadera era ante todo un lugar para socializar con los otros pastores, colegas de pasión y de profesión. Conversaciones entre lana y vino, departiendo animada y extensamente, sin prisas, como deben ser las conversaciones de verdad, aquellas que se tienen con los viejos amigos de toda la vida.

*Departiendo en animada conversación, mientras abrevan las bestias [Foto: A.H.M.A.]*

Así fueron siempre las ferias de ganado en esta tierra.

\* \* \*

Con las descripciones de Juan Campos[36], nos retrotraemos al ambiente de una de aquellas ferias a principios del siglo XX. Con el tiempo, el evento protagonista de aquella "Real Feria de Agosto de Antequera" sería el mercado de ganado que se celebraba en la suave ladera del cerro de la Horca, coronado desde 1929 —añade— por el conjunto monumental del Corazón de Jesús. Predominaba el ganado boyal, mular y de cerda.

*Los niños participaban también en esta temprana escuela, ayudando en el manejo y cuidado del ganado [Foto: A.H.M.A.]*

Revivimos con imaginación, a través de sus descripciones, aquel vasto escenario inmerso en un ambiente vibrante plagado aquí y allá de bueyes, bestias y mulas, "salpicado de humosas buñolerías y puestos de vinos y aguardientes".

Una fragorosa mezcolanza sonora de mugidos, rebuznos y relinchos, bullicio animal y humano, entre transacciones con apretados manojos de billetes que iban pasando de mano en mano. Mercado de lo vivo en su más profunda esencia. El ferial era dinámico como la vida misma. Gana-

36.- Campos, J. (26 de noviembre de 2016). Apuntes históricos de Antequera. Excursionistas en El Torcal en las primeras décadas del siglo XX, *Periódico La Crónica*.

*El ganado boyal descansa. Al fondo el telón de fondo de la sierra de El Torcal de Antequera. [Foto: A.H.M.A.]*

deros y tratantes de diferentes procedencias se daban cita. Tintineos de cencerras, transacciones aquí y acullá, regateos y sellado final de la venta mediante el sagrado apretón de manos.

Aquellos puestos que salpicados se levantaban en medio del alfoz constituían el campo de trabajo perfecto donde comerciantes y compradores de lo vivo materializaban, entre espirituosos tragos, su trato a través de la *conviá*. Trato que no era formalmente legalizado hasta el instante en que el comprador depositaba, solemne, sobre la mano bien abierta del vendedor, la "señal", signo inequívoco de que tal transacción no tendría ya vuelta atrás.

Por aquel tiempo, Lorenzo el Caqui conducía cada año apretados rebaños de vacas, yeguas y bestias nacidas en la finca de la Fuenfría, donde trabajase durante sus mejores años. Bajaban en largos rosarios el empinado Puerto de Las Escaleruelas, desde cuya cima ya comenzaban a divisar su destino, el mercado de ganados de Antequera.

Lorenzo bien recuerda en su mocedad aquel bullanguero hervidero que, arrancando desde la estación del ferrocarril, otra de sus ubicaciones pasadas, se extendía como un manto trepidante ladera arriba.

—Todo aquello se llenaba enterito de animales —recuerda hoy al echar la vista atrás.

*Mercado animal frente a la Villa de El Torcal*
*[Foto: A.H.M.A.]*

Ganaderos y tratantes provenientes de los cuatro puntos cardinales tenían allí su cita ineludible. Aquella secular feria de agosto hincaba sus orígenes a mediados del siglo XVIII, cuando en 1748 el rey Fernando VI —como recuerda Juan Campos— hizo a la ciudad Real Concesión para celebrar feria cada año del 20 al 22 de agosto.

A mediados de la centuria siguiente, por 1856, se iniciaría la celebración de otra feria, a caballo entre los meses de mayo y junio. Era la Feria de la Primavera, que tornaría su vocación, años más tarde, hacia la compra-venta de ganado.

Como si no fuese bastante, una tercera feria anual ganadera se sumaría al doblar el ecuador de la centuria decimonónica. Coincidiendo con los tiempos de preponderancia de la industria lanar en el río de a Villa, con sus batanes y sus fábricas de hilados, se celebraba una destacada feria de ganado lanar. El día de Pascua de Resurrección, junto al Arco de Granada en sus arranques, dábanse cita rebaños ovinos traídos desde distintos lugares de tan vasto territorio.

*Mercadeando con las ovinas*
*[Foto: A.H.M.A.]*

Muchos de aquellos visitantes acudían a la feria procedentes del otro lado de la sierra, tras remontarla a lomos de sus caballerías. Acémilas que alojaban en cuadras de las que dispusieron las posadas, muy frecuentadas por entonces. Descansarían allí las bestias durante el día, a resguardo, reponiéndose a placer con el fresco heno que llenaba sus pesebres.

La feria se alargaba hasta bien tarde. Mas el mayor temor de los visitantes provenientes de allende la sierra eran los asaltos y robos que de común acaecían en su vuelta a casa, allá en los solitarios pasos del Torcal. Eran las horas en que los estertores de la tarde llamaban a retreta. Momento preferido por canallas y granujas que, escondidos en la sierra, no dudaban en usar la intimidación para alcanzar su objetivo, hacerse con el patrimonio ajeno. Debían, por tanto, salir pronto y en grupo.

—Así, en comandita, se evitarían los asaltos, amén de algún que otro percance con las bestias por los caminos de herradura y las realengas —como relata Juan Antonio Benítez.

De echarse la noche, era más inteligente demorar la vuelta hasta la mañana siguiente con la fresquita. Pernoctaban, pues, en alguna de aquellas frecuentadas posadas.

En un ejercicio de recuerdo, Juan Pozo se retrotrae varias décadas atrás. Visualiza en voz alta aquel ambiente denso y vibrante donde hombres, animales y dinero se movían de un lado a otro en un juego interminable de intercambios y transacciones... entre relinchos y mugidos, bestias bebiendo en los abrevaderos, murmullos, conversaciones y, sobre todo, tratos, muchos tratos. Tratos comerciales que quizá vengan repitiéndose desde que el hombre es hombre, sumergiendo su origen en la oscuridad de los tiempos.

*Los sedientos equinos abrevan en medio del trueque [Foto: A.H.M.A.]*

Juan era aún un niño, pero recuerda oír a su padre:

—Voy a cambiar este mulo, que ya está "vejete".

Y con su progenitor se sumergía en aquel mundo que le produjo profunda impresión. Corrían por entonces los años setenta del siglo XX.

—Parecía que se iban a pelear —exclama. Y es que la expresividad y las graves modulaciones en el tono eran parte fundamental de aquella teatralización mercantil, pues acentuaban así la capacidad de persuasión, siendo eficaz herramienta que enfatizaba la postura de los intervinientes.

—Yo quiero diez mil pesetas por este mulo —recrea Juan poniendo voz a uno de aquellos tratos mil veces repetidos.

—No, te doy solo cinco mil —responde cambiando la voz.

—Entonces llévate este otro —señalando un mulo viejo.

El regateo ya había comenzado y la tensión de la pugna iba in crescendo en intensidad.

Y es que todo había comenzado minutos antes, cuando un hábil "corredor" eligió con sagacidad a los dos implicados, agarrándolos del brazo cual árbitro en medio de un combate bien medido, y colocándolos frente a frente. Aquel ojo avezado en los negocios había detectado entre el tumulto al tipo más interesado en aquel muleto clueco.

Los ganaderos no llegaban a un acuerdo.

Aquel árbitro del trato era juez, pero también parte, pues buen bocado se llevaría.

—La diferencia la vamos a partir. Quedamos en la mitad, y no se hable más. *Ni pa uno ni pa otro.*

Casi obligados por la mediación del sagaz maestro de ceremonia, terminaban dándose la mano. Apretón cordial que sellaba a fuego el acuerdo, un trato entre caballeros venidos del campo que no necesitaba pluma que lo certificare ni documento donde plasmarlo. En la palabra de tratantes no cabía mentira ni engaño.

—Cuando se daban la mano, eso era una escritura —afirma hoy Alonso Martín—. Y ay de aquel que faltare a su palabra... Ese perdía el crédito para siempre.

El tratante, espabilado como él solo, zanjaba así el asunto, conduciendo de la mano a los contendientes hasta cerrar trato, y embolsándose buen pico por su "necesaria" mediación. Pues, a decir verdad, en la mayoría de casos no se habría producido el acuerdo sin tan pertinaz intervención.

En medio de tan acalorada discusión, había aparecido de la nada el *aguaor.*

"En las antiguas ferias siempre había un aguador, que saciaba la sed de los asistentes", relata Benítez.

—A peseta vale la *pechá* de agua.

Gritaba a voz en cuello, botijo en mano.

Muchos tratantes de ganado continúan a día de hoy cerrando sus tratos a la antigua usanza: con el fuerte apretón de manos. Así ocurre en la real feria de ganado de la no muy lejana Villanueva de Tapia, donde viene repitiéndose más de siglo y medio en su vetusta y longeva feria ganadera.

Con el paso del tiempo las cosas cambiaron, y allí donde otrora bastase un entrechocar de manos, comenzó a levantarse, caligrafiado a tinta, un fiel registro de movimientos. Recuerda el Caqui que, en su época, los bancos —donde los compradores de ganado tenían sus caudales guardados a buen recaudo— jugaban ya un papel más que destacado en tales transacciones.

—Si yo compraba una yegua, de seguido debía ir con el amo al banco.

Al final era raro el trato en que el comprador no salía *engañao* —espeta Juan entre risas.

Aquella mercadería de ganados fue un arte para el cual los gitanos tuvieron siempre especial habilidad. Astutos como nadie, aquellos virtuosos tratantes por antonomasia manejaban las transacciones como nadie.

"La mayoría de familias gitanas del lugar se dedicaban al oficio de tratantes de ganado", recuerda hoy Alonso Martín.

*Los gitanos siempre fueron diestros en el arte del trato de ganados. [Foto: A.H.M.A.]*

El padre de Juan Pozo tuvo una pequeña propiedad en el entorno del antiguo cortijo de Rojas.

—Allá, mi padre tenía un mulo muy bonito, pero con un pequeño defecto: de cuando en cuando le daban calambres. Muchas mañanas —continúa Juan— cuando se disponía a arar, la acémila amanecía con una pata tiesa. A las dos o tres horas se recuperaba.

—Le tengo que dar largas —concluye el señor Pozo para sus adentros.

A esto que pasa por la vera del camino el Rano, un tratante gitano muy conocido en el vecindario. Por aquella época, marchantes calés especializados en el trato de ganado iban recorriendo caminos y cortijos tirando de sus reatas de cinco o seis mulos, con el objeto de comerciar con ellos. Ora comprábanlos, ora varias casillas más allá vendíanlos, y en la intermediación se escondía su ganancia.

Arribando al lugar aquel tratante de tez oscura que arrastraba de sus bestias, le asalta el padre de Juan:

—Te cambio mi mula por ese muleto que traes —mientras señalaba a un sano ejemplar de la reata del Rano.

—Algo tendrá el animal para que me lo quiera endosar —pensaría aquel.

Aun así, las negociaciones avanzaron hasta finalmente consumar el trueque. Como es de suponer, el vendedor no mencionó ni por asomo el "defectillo" del cuadrúpedo.

El Rano se despidió alejándose con la nueva adquisición entre su recua de bestias.

Pasado un tiempo volviéronse a encontrar.

—¡Anda, que me la pegaste! ¡Que al mulo se le ponía la pata como un ejero de palo!

*En aquel mundo rural tuvieron profunda raigambre las familias de comerciantes gitanos [Foto: A.H.M.A.]*

—¡Y tú también me engañaste!

El muleto adquirido tampoco era un purasangre precisamente, y sus buenas taras arrastraba también.

En aquel mundo de pícaros en que cada cual engañaba al prójimo, tarde o temprano la balanza se equilibraba, pues si hoy perdías tú, mañana le tocaría perder al otro.

—Y es que ahí salían *tos engañaos* —vuelve a concluir Juan, soltando una espontánea risotada.

Toda vez que ofrecieses uno de tus animales en venta o trueque a un tratante, aquel ejemplar presentaría, según este, una calidad pésima, mientras que el animal objeto de tu interés era, precisamente, de entre toda su miscelánea, "el mejor del mercado".

—Te estoy haciendo un favor al llevarme tu penco jamelgo —era la exclamación del mercachifle. A cambio, la bestia que terminaba colándote, terminaba siendo aún más endeble, achacosa y viejuna, aunque de eso te dabas cuenta a la postre, pasado ya considerable tiempo.

—En cierta ocasión, a mi bisabuelo materno, Juan Gato —vuelve Juan Pozo al ataque con una nueva batallita familiar—, le llegó a la puerta uno de aquellos tratantes, en cuya colección animal lucía una hermosa cabra de envidiable salud, lustrosa y de grandes ubres. Gato ya la imaginaba produciendo litros de leche, con los cuales mejoraría en poco tiempo la modesta economía familiar. Aquel caprino parecía todo bondades y promesas. Se sentía orgulloso por su nueva adquisición. Todo en Gato eran ojos para con su nueva chiva que prometía felices augurios.

Al poco comenzó a notar algo extraño en el animal: no dejaba de pegarse trompazo tras trompazo contra cada objeto u obstáculo que por el camino encontrase. Al final tuvo que reconocer el peor de sus pronósticos. Su nueva chiva estaba ciega. La esperanza se tornó en desdicha.

Él siempre demostró ser muy buen tratante —no había vecino a quien no hubiese comprado, vendido o efectuado trueque de cabrillas, guarros o bestias—, pero en esta vida hasta al más experto se la cuelan por algún lado.

Desde aquella experiencia, cada vez que alguien le ofrecía en venta una cabrilla, no le concernía tanto que estuviese rellenita y produjese más o menos leche. Solo imploraba una cosa. ¡Que no estuviese ciega, por Dios!

Ya no ponía su atención en las ubres, como siempre hizo en el pasado. Desde entonces proyectaba una mirada directa sobre los ojos del animal.

Visto por el tratante, ajeno al percal, aquella escena podría antojársele surrealista. Gato y chiva, hombre y bestia, separados por millones de años de evolución, estableciendo en aquel preciso momento una íntima conexión mental. Y de pronto, Gato comienza a hacer extraños aspavientos con las manos, como ejecutando una suerte de sortilegios, ante las inquietantes pupilas horizontales de aquella cabra. Pareciese aquello un oscuro ritual de brujería.

—Este tipo debe haberse vuelto loco —pensaría en sus mientes el asombrado vendedor.

Trastornado o no, a Gato nunca jamás le volvieron dar gato por liebre en sus tratos.

\* \* \*

Los avispados comerciantes, allí donde olían la necesidad y percibían la demanda, acudían ávidos, pues buen bocado habrían de obtener.

—Por aquel entonces, la ciudad de Málaga era deficitaria en leche de cabra —relata didáctico Paco de la Huerta.

—Existía la llamada "cabra temprana" —continúa—, aquella que paría allá por octubre.

Con ella, los ganaderos obtenían prontamente unos ejemplares con que poder surtir aquel mercado raquítico de la leche.

Oportunidad que los sagaces mercaderes de reses aprovechaban para hacerse con los golosos lotes de aquellas chivas nuevas. Una vez en su haber, se encaminaban prestos con la horda caprina por la polvorienta realenga que los conduciría hasta la costa malagueña, donde los ávidos compradores les esperaban con ansia.

Era aquel un mercado local, de cercanía, lejos de las transacciones nacionales y transfronterizas de la ulterior globalización.

Entre los antiguos comerciantes y corredores de ganado, destacaron por su especialidad los llamados "tratantes de desvieje". Chamarileros de reses viejas, de cabras con pellejo duro y bien reseco que iban visitando explotaciones de caprino, una tras otra, a la búsqueda y adquisición exclusiva de animales ya viejunos y añosos.

El hijo de Paco el de la Huerta, Antonio Sánchez, llegó a conocer alguno de aquellos antiguos tratantes de lo viejo. Hoy en día siguen existiendo, con otras formas y procederes, pero con similar objetivo en su esencia.

Tales profesionales del *desvieje* iban comprando animales sin uso, no solo por añosos, sino también por pérdida de función de las ubres, o por presentar defectos —recuerda Antonio— y las vendían finalmente a los mataderos.

Uno de aquellos particulares tratantes fue José Muñoz Zamorano. Los más mayores aún lo recuerdan. El Zamorano arrancaba su expedición desde Villanueva de la Concepción, donde estaba afincado, e iba comprando a su paso ejemplares caprinos sin uso, que serían destinados finalmente para su sacrificio y para el aprovechamiento de su carne.

—Se llevaba aquellas cabras que se quedaban *machorras*, las que no parían, pero tenían muy buena carne —explica hoy Alonso Martín.

Pero, como también recuerda Antonio Sánchez, el Zamorano también adquiría chivitos. Cabritillos que se vendían muy bien, pues gozaban de óptima salida comercial.

El tratante dejaba que los recentales se criasen con su madre, haciendo toda la lactancia de manera natural. Mas una vez alcanzaban entre cinco y siete kilos, era el momento perfecto para ser vendidos. Compradores en su mayor parte de la capital malagueña.

—Hoy todo aquello ha cambiado —continúa Antonio refiriéndose al comercio de los chivos—, se crían con leche artificial, con unas nodrizas, los robots. Y alcanzado el peso deseado, son vendidos en los mercados.

# 10
## HISTORIAS DEL CAQUI

Recordemos la historia de aquellos colonos que antes de la guerra iniciaron en Las Chozas una nueva vida. Entre aquellos pioneros se encontraban José Gómez y su mujer María Pérez. Como se estilaba entre los parroquianos, José heredó el apodo con que siempre fue conocido su padre: el Caqui.

Al prosperar, las familias de colonos se iban trasladando a destinos locales más cómodos. María y José lo harían a Villanueva de la Concepción. Allí fue donde nació, en 1933, su primogénito, al que pusieron por nombre Lorenzo —el pastor con que arrancó nuestro relato—. Recuperaban así el nombre del querido abuelo materno.

Pero, finalizada la guerra, tocó de nuevo marchar. Lorenzo el Caqui rondaría los diez años de edad cuando, junto a sus padres y sus hermanos, abandonó su *Pueblecillo* natal para, retrepando a lomos de mulas, alcanzar un rincón perdido en las estribaciones meridionales de la Sierra de Chimeneas.

Llegados a su destino, amarraron fuertemente las bestias y manos a la obra. Comenzaron a levantar una choza sobre aquellas tres *faneguitas* de tierra reseca. Sería el germen donde el Caqui establecería su hogar para siempre.

*Lorenzo de mozo con sus amados*
*padres a la puerta de casa.*
*[Foto: autor descoocido]*

En su edificación seguirían el modelo constructivo de entonces. Se entraba a la casa a través de la cocina, que servía de salón-comedor. En este tipo de viviendas, al fondo, un tabique de piedra lo separaba del dormitorio. Muro que iría revestido en barro, y cubierto de una fina capa de yeso.

Los años de aquel niño montaraz transcurrieron "bregando con los bichos". Entre bestias y guadañas. Ordeñaba a mano aquellas cabrillas alocadas. Su madre le inculcó hondamente el amor por los animales.

—Con tres añitos tiraba yo de una cabrilla amarrada. "Llévala allí, tráela acá… que caree", me ordenaba mi madre. Y con cinco años ya guardaba los guarros.

Con unos años más, pasó a pastorear vacas lecheras suizas más altas que él. Sus manitas apenas lograban abarcar aquellas inmensas ubres calientes para ordeñarlas.

Se recuerda de niño arando tras una enorme yunta de mulos y yeguas. Pues tractores, cosechadoras y segadoras tardarían años en irrumpir lentamente en estos predios olvidados.

—Yo no he visto una escuela ni de lejos —eran otros tiempos y las oportunidades de estudiar eran escasas, cuando no nulas. Su colegio fue el campo, y su segunda madre la sierra que casi lo parió.

Noches al raso pasaría muchas el joven Lorenzo. Fríos crepúsculos a la intemperie, al cuidado de su rebaño. "Muerto de frío" cuenta que pasó en la sierra muchas noches de invierno. En raras ocasiones tenía la fortuna de dar con un abrigo rocoso donde pernoctar junto a su rebaño allá donde le cayera la noche, cuando los gélidos aires invernales le penetraban hasta los huesos, bajo la sola protección de una recia chaqueta. Con varias mantas caladas por la cabeza a modo de poncho cubría su cuerpo, apenas aislado del crujiente suelo. —¡El campo es trabajoso, hijo! —exclama hoy paternal.

Por aquel tiempo, su padre, José, rondando los ochenta años, seguía trasladándose a lomos de su mula hasta la cercana Antequera para realizar compras y otros recados. Recorría la vereda de bestias que era por entonces el Puerto de Las Escaleruelas.

Locuaz y amigo de sus amigos, al bueno de José se le iba el santo al cielo, y no era rara la noche en que madre e hijo quedaban muy preocupados por el paradero de su padre al no dar este señales de vida a altas horas. El Caqui, angustiado, tenía que preparar aparejos y arrancar en medio de aquella oscuridad en pos de su "descuidado" padre, quien ya no tenía edad para tanto desliz. El muchacho se estremecía, recorriéndole un frío por el cuerpo al imaginar a su progenitor cayendo, mula y todo, en aquel peligroso pozo que, pasada la Venta del Navazo, se abría amenazante justo al borde de la vereda.

Aquel enclave, el de los Caqui, era transitado de continuo por densos enjambres de abejas melíferas. Así que poco tardó aquella familia de colonos en domesticarlas para obtener provecho de tan hacendosas vecinas. Construyeron un buen puñado de colmenas que rica miel comenzarían a aportar en la dieta de aquellos nuevos montañeses. Su hogar se llamaría El Colmenarejo. Hoy, ocho décadas después, aún perviven allí las descendientes de aquellas primeras melíferas, y se sigue extrayendo el fruto de su trabajo.

El padre del Caqui fue adquiriendo más tierras, pagándolas poco a poco con el sudor de su frente y ensanchando así su pequeño terruño. Aquellas tres fanegas iniciales se multiplicarían hasta las cincuenta. Este milagro no habría sido posible sin el apoyo de un gran hombre. Trabajaron duramente de braceros en la lindante finca de La Fuenfría. Su propietario, el rico hacendado Alfonso Conejo, nunca dudó un ápice en ofrecerles una mano generosa.

—Nos ha ayudado a nosotros mucho. Un hombre bueno. Daba bastante comida a los pobres —recuerda Lorenzo agradecido. —Un hombre que valía, porque daba mucho trabajo en aquellos tiempos malos.

La historia de esta antigua heredad se remonta largo tiempo atrás. Abarcó antaño una inmensa extensión en las soledades sureñas de la Sierra de Chimeneas. Allá donde mirases había pastores, cabreros, boyeros, yegüeros y porqueros al cuidado de sus rebaños. Era la época dorada de las ganaderías en plena Sierra del Torcal. Sus vastos pastizales alimentaban una nutrida cabaña ganadera: tres grandes rebaños caprinos, borregas, yeguadas, vacas por doquier y cochineras. Un haber ganadero inalcanzable para la inmensa mayoría de almas en aquella época de carestía. Buen número de personas trabajaron, agradecidas, al servicio de este amo bondadoso.

Tiempo después, sorprendemos al Caqui tirando afanosamente de su reata de mulas, cargadas hasta los topes, en apretada comitiva de bestias y hombre, retrepando sin descanso costerón arriba hasta el techo del Camorro Alto.

Dispuesto a entregar su modesto granito de arena, el Caqui ponía a disposición de aquel equipo de topógrafos y geógrafos los recursos de los que disponía.

Él era el más idóneo para esta labor. Conocía a la perfección aquellas vertientes de la sierra. Su casilla se ubicaba al pie mismo del monte a conquistar y disponía de los recursos de fuerza animal, sus preciadas bestias, imprescindibles para hacer llegar hasta la cumbre el equipo y los materiales necesarios, pues la intención de aquel organismo oficial, el Instituto Geográfico Nacional, era la de erigir allí arriba, en lo más alto de su cumbre, a 1.378 metros sobre el mar, en forma de columna sobre pedestal, aquel vértice geodésico que marcaría la referencia exacta para permitir superponer planos y fotografías de una manera precisa, marcando al fin sobre el mapa aquel hito estratégico en la cima de la picuda montaña.

Aquel conjunto de profesionales dejaba en las manos del pastor, y en las grupas de sus acémilas, la logística de la expedición. Un tándem perfecto donde el paisanaje rural colaboraba brazo con brazo con la ciencia, la geografía y el conocimiento.

\* \* \*

Pasados los días, el Caqui se dirigía al pastadero donde confiadamente había dejado descansando a sus ovejas la noche anterior. Cuál sería su sorpresa cuando descubrió horrorizado el cuerpo desangrado, sin vida, de una de sus ovinas que yacía aún caliente. Otra a su lado despanzurrada, con las vísceras esparcidas por el monte. Y así un puñado más de pobres animales muertos aquí y allá. Otras más, sanguinolentas, deambulaban desorientadas por derredor con horrorosas heridas en sus cuerpos.

Como si le hubiese entrado el diablo por dentro, al Caqui se le transformó de golpe el semblante. Aquel pacífico pastor se había transformado. Era otro.

—¡Hijos de Satanás! —blasfemó.

—Me habéis arrancado mi más preciada posesión.

Enrabietado, corrió al cortijo como alma que lleva el diablo. Ni corto ni perezoso, abrió un vetusto armario, desempolvó su vieja escopeta y se echó al monte. Al acecho decidió buscar a los culpables de aquella orgía de sangre y darles su merecido. El reloj se había puesto en marcha. Comenzaba la cuenta. Ya no había vuelta atrás. Fue toda una operación quirúrgica de rastreo y acecho, caza y derribo. Al Caqui solo le faltaba aquel día la pintura de guerra.

¡Que empiece la caza!

Ya había averiguado la identidad de los asesinos: una jauría de perros salvajes que deambulaba hambrienta por la sierra sin control y que, tras probar la dulce y tierna carne de sus rollizas ovejas, ya no pensaba abandonar sus matanzas. Aquellos perros cerreros se habían vuelto montiscos. Existía una delgada línea roja entre el pastor y las criaturas salvajes de la sierra, y aquellos canes la acababan de rebasar. Una afrenta que debía ser ajusticiada.

Los animales volverían a cobrarse más piezas, de eso estaba el Caqui totalmente seguro. La pregunta era cuándo. Perros alobaos, como les llamaba el viejo pastor, que habían disfrutado de la rica sangre de los borregos y se habían *empicao* con tan fácil pitanza. Tenía que hacer algo, y lo debía hacer ya. En pie de guerra contra aquellos que habían osado profanar lo más sagrado para él sobre la faz de la Tierra: su amado rebaño. Inició una persecución implacable, a la caza del cazador.

No era venganza, Dios bien lo sabe, sino pura cuestión de supervivencia. No había sitio en la sierra para perros salvajes y ovejas. Unos u otros sobraban, y él no estaba dispuesto a ser el perdedor, a ver hundirse su economía y su hacienda. No permitiría que cayese uno más de sus preciados borregos. Sencillamente, los canes no estaban invitados al convite.

Ascendió sierra arriba, estudió cual rastreador el sentido del viento y describió a rastras un amplio círculo en torno al predio de los canes salvajes, posicionándose a contraviento. No podía ser olido por los predadores. Avanzó recechando hasta que al fin los divisó. Los tenía enfrente. Allí apostado, alzó su carabina y apuntó. Ya estaban en la mirilla. Disparó con toda la precisión de que fue capaz, dando en el objetivo. Repitió la operación y acertó también. Dos de los cazadores yacían muertos en el suelo de la sierra. En el estrépito se dispersó el resto de la manada. Era una media docena y corrían despavoridos.

Volvió los siguientes días y siguió abatiendo animales. Los predadores estaban siendo sistemáticamente eliminados. Poco a poco. Uno a uno. Llegó el momento en que tan solo quedaba el último de los ejemplares por borrar del mapa.

Una buena mañana el Caqui recorría el camino de La Fuenfría y, de repente, lo divisó. Se aproximaba de frente, venía directo hacia él, el último de aquellos seres que le habían estado quitando el sueño. Avanzando en la dirección del viento, el can, distraído, no le pudo oler. El pastor se detuvo inmóvil como estatua al borde del camino. Al llegar el desprevenido animal a su altura, nuestro hombre tenía levantada con sus manos una roca de respetables dimensiones, y en menos que una rana croa, la estrelló sin contemplaciones con todas las fuerzas que en ese instante pudo reunir, destrozando el cráneo del pobre animal, que murió al instante. Allí estaba, muerto al borde del camino, el último miembro de aquella jauría que tan graves daños propinó al rebaño de ovinas del Caqui. En plena sierra, allí donde todos ellos a placer mataron, también fue donde finalmente encontraron la muerte.

Desde aquellos sucesos pueden haber transcurrido ya unos cincuenta años. Eran otros tiempos. La sierra era territorio salvaje y agreste. Inmisericorde. Cada cual debía arreglárselas por sí solo, no había otra. Así era El Torcal, bello y fiero a la vez. Las dos caras de una misma moneda.

\* \* \*

Ochenta años después de la llegada de aquellos pioneros al Colmenarejo, sigue hoy viviendo aquí, a sus casi noventa, su descendiente. Aquel humilde chamizo en que sobrevivió la familia durante dos largas décadas ha ido evolucionando gracias a las manos del Caqui. Esta casilla sigue siendo aún un pequeño reducto humanizado rodeado de vida salvaje, una vida que de cuando en cuando se adentra en sus dominios encarnada en forma de atrevidas criaturas. Vienen a reclamar, a fin de cuentas, un territorio que consideran suyo por derecho propio.

Alguna gallina o un recental de sus queridos borregos será el tributo que esporádicamente se cobrarán las zorras salvajes y otros pequeños diablos de la noche, diezmo para compensar la intromisión que aquel hombre solitario un día osó cometer en el corazón de la montaña. Mas en pleno día las montesas no dudarán en penetrar también en sus predios, aprovechando la ausencia del pastor para, hambrientas, acudir al grano que él esparció en el piso para sus gallos. Y en los calurosos días del estío, las hispánicas saltarán de las rocas para adentrarse sin pudor hasta la pileta a la puerta de casa, calmando allí su sed acumulada durante los largos días de canícula.

Una de las montesas que en ocasiones le visita parió dos recentales. Llega a veces al terruño del pastor con sus dos nuevos retoños.

—¡*Mellicean* mucho estas cabras, oye! Y otra chiva del rebaño lleva un zarcillo en la oreja, ¡fíjate!

Estos caprinos salvajes están siendo estudiados por los gestores de la vida salvaje, y algunos ejemplares van marcados con crotal en la oreja para su identificación.

Como si el Caqui hubiese firmado un pacto secreto con El Torcal, este le permitió vivir desde muy joven integrado en el corazón de la sierra. A cambio, las criaturas se adentrarían en sus dominios, "tomando prestado", en ocasiones, lo que encontrasen por el camino.

El mestizaje de este enclave con su medio es tal que hasta los genes del cochino cebón andarán también sueltos por la sierra, fruto de algún que otro encuentro furtivo, en sus correrías nocturnas por el monte. Alguna loca noche de verano en que hallase abiertas por descuido las puertas de la corraliza. Canitas al aire viviendo sus aventuras con las jabalinas salvajes.

Los vecinos recuerdan impresionados la vitalidad de este hombre bizarro que, un buen día, y no hace mucho de aquello, capó él solo, con sus propias manos y sin ayuda alguna, el enorme verraco que hubo criado, que alcanzaba un cuarto de tonelada, los 250 kilos de mole maciza.

—Yo creo que las piedras que hay aquí en la sierra, las he pisado todas comenta el veterano pastor —y aquí me ha pasado a mí de todo.

En una ocasión se le había quedado un borrego *enrajao*. Deambulaba este pastando al atardecer, cuando debió caer por descuido al fondo de una profunda grieta. Al percatarse el Caqui del incidente, encerró rápido todo el rebaño.

—Agarré un pedazo de pan y queso, y salí en busca del borrego.

Así que arribó de nuevo a la entrada de la fisura, desde donde veía al animal que balaba allí abajo con desesperación. Una espesa zarza obstaculizaba la entrada y, al pisar el troncón del recio arbusto, el pobre pastor tropezó perdiendo el equilibrio con tan mala suerte que acabó precipitándose a lo más profundo de aquella raja.

—Me fui *a to lo hondo*.

Ya eran dos al fondo del agujero y nadie que desde arriba pudiese auxiliarles. En un instante había pasado de salvador a víctima.

El *desenrajador* que acabó *enrajado*.

Pero no estaba allí solo, la borrega le haría compañía. Aunque tal extremo quizá no diese mucho consuelo aquel día al bueno del Caqui.

Se le echó la noche.

—Yo no había cogido antes la linterna, pues había buena luna.

Así que al fondo de aquel agujero la oscuridad era total.

—Y me tuve que quedar allí dentro toda la noche, a la vera del borrego.

En lo más profundo de aquellas tinieblas, enfrentándose al abismo de sus propios pensamientos, solo le faltaba encontrarse con el mismísimo demonio. Quién sabe si no lograría salir y acabaría allí sus días, momificado junto a su oveja.

Se arrimó un poco a ella, qué remedio. Con su mullida lana, pensó, no pasarían al menos frío.

Pero no quedaban ahí sus males. Aquella estrecha grieta continuaba hacia abajo. Una piedra empotrada entre ambas paredes era esa noche el único suelo que separaba del abismo a aquel par de desdichados seres.

—Y para colmo aquella piedra se meneaba —recuerda.

Él pensaba para sus adentros: como se vaya la piedra a lo hondo, me voy con ella al carajo.

—Yo aquella noche lloré…

De nada servía que gritase, pues allí nadie le oiría. Por aquellos tiempos, el campo estaba muy humanizado, poblado de ganaderos y campesinos. Pero el camino quedaba lejos y a aquellas horas nadie en su sano juicio deambularía por las inmediaciones.

A pesar de la angustia, el cansancio pudo más, y el sueño le venció. Quedó profundamente dormido.

Cuando despertó, ya había amanecido, y un tenue rayo de luz se proyectó sobre su rostro empezando a iluminar tímidamente la angosta estancia.

Comenzó a maniobrar para intentar retrepar aquella pared a plomo. Con mucha dificultad fue avanzando y, poco a poco, fue saliendo y dejando atrás aquella trampa mortal donde a pique estuvo de precipitarse al vacío hasta el fondo de la profunda oquedad.

Tal vez jamás se sintiese en su vida tan alegre, el bueno del Caqui, como aquel endiablado día en que finalmente vio la luz cegadora del amanecer.

En otra ocasión vivió también, con una de sus vecinas las hispánicas, otro episodio parecido al del borrego *enrajao*. El pastor oía berrear desesperadamente por las inmediaciones, y se asomó a la boca de una hendidura que se abría entre las rocas. Allí estaba un precioso macho montés que había caído en la traicionera trampa mortal. El Caqui no dudó en meterse allí dentro para ayudar al infortunado animal.

Pero, como se podía esperar de un ser salvaje como aquel, ocurrió lo inevitable.

—El animal se lió conmigo a *trompás*...

Así se las gastaba el cabro. En uno de aquellos envites, le quedó enganchada al pastor su pierna entre los cuernos del bóvido, y este no dejaba de arremeter con toda la violencia que le insuflaba el miedo.

—Y me desolló las piernas, oye.

El pobre animal, encerrado en una trampa sin salida, al ver que le taponaban la única vía que le separaba de la libertad, entró en pánico y se defendió como los buenos machos cabríos saben hacer... a trompazo limpio. Una vez más, el *desenrajador* volvió a salir mal parado.

—Aquel bicho me hizo polvo —añade.

Mientras recuerda hoy la escena, se levanta el bajo de la pernera de su pantalón y muestra una gran cicatriz que le quedó marcada para siempre, fruto de aquel salvaje encuentro.

Se le hicieron eternos aquellos minutos, hasta que alcanzó por fin a agarrarlo de los cuernos, logrando a duras penas dominarlo. Lo arrastró de sus defensas hasta la superficie, pues en fuerza nadie ganaba al Caqui. Y finalmente lo soltó, regalándole la libertad. La sierra se abría de nuevo ante él. No se sabe quién de los dos fue más feliz en aquel momento.

El destino del pobre animal, de no haber sido por el fortuito encuentro con su salvador, habría sido, inevitablemente, la muerte por inanición.

\* \* \*

A plena luz del día, una de las gallinas picotea, confiada, el grano que su dueño esparció. Cuando de pronto, en un abrir y cerrar de ojos, cae repentinamente sobre ella un diablo salido de la nada. Tras un revuelo de plumerío por los aires, arranca a correr la raposa, como alma que lleva el diablo, con su incauta presa fuertemente apresada en las fauces.

La gallinácea ya no verá nunca más el atardecer.

Es el tributo a pagar por aquel pastor que osó establecer su modesto enclave en el corazón de la sierra agreste, salvaje y pura.

—Cuando madre murió, dejó en el corral sesenta gallinas. Ahora solo me quedan unas cuatro o cinco. Y es que me las quitan todas las zorras. A cada instante se llevan una.

Las zorras están *enmayás* porque ahora aquí no hay conejos en la sierra —replica—. A veces pueden rebuscar los huevos o los perdigones de los pájaros perdices, pero poco más.

Mordisqueando los excrementos de sus ovejas ha visto el Caqui a los desesperados cánidos, como el que come un rico manjar, de lo hambrientos que están.

Y es que hubo un tiempo en que El Torcal estaba lleno de conejos, su presa principal. Los otrora abundantes roedores fueron diezmando sus poblaciones por las enfermedades, y hoy son casi leyenda.

Para disuadir a las ladronas de gallinas, expertas en el ataque por sorpresa, una cuadrilla de perros vigila las instalaciones. Defensas estratégicamente apostadas por el veterano pastor en todos los ángulos y puntos débiles de su preciado feudo pastoril. Once canes conforman la férrea guardia.

Tiempo atrás tuvo pavos castellanos. Y hasta hermosos pavos reales que se enseñoreaban orgullosos. Todos ellos pasaron a mejor vida. No tuvo el raposo el menor miramiento. ¡No respetaba nada! Ni la sublime belleza emplumada de aquellas aves de brillantes colores ablandó los fríos instintos predadores de la voraz alimaña.

El perro guardián apostado en la trasera del establo de las ovejas parece un lobo. Está viejo, pero sus ladridos espantan a la zorra. Mas esta aprendió con el tiempo a burlar su defensa. La muy astuta comprobó la longitud máxima de la cadena estirada, observando la existencia de un estrecho pasillo invisible practicable entre rocas y can, un paso franco para ella. Por allí se escurría a escasos milímetros de la muerte, paseándose cada noche con todo el descaro del mundo ante la cara encolerizada de su enemigo. Tentación tuvo más de una noche el pastor de liberar de sus cadenas a los canes y dejar que actuasen libremente. Pero de acercarse a instalaciones ganaderas vecinas, sus dueños podrían matarlos de un disparo al confundirlos con perros asilvestrados. Y es que andaban ya resabiados los pastores con los perros salvajes que asustaban y daban caza a sus borregas.

Si una de las ovejas paría en campo abierto, urgía llevar los recentales a la seguridad del corral. Las cazadoras de la noche andaban al quite. El Caqui agarraba aquellos recentines colgando cabeza abajo —menuda forma de inaugurar su llegada al mundo—, y mamá borrega, guiada por su instinto maternal, entre balidos de desesperación iba cerrando tan curiosa comitiva.

* * *

De los muros de la cocina cuelgan hoy viejos recuerdos familiares, ollas, y antiguos lebrillos de barro decorado. Pertenecieron a madre.

—Me gusta tenerlos, recuerdos de ella —entre los abigarrados trebejos destaca una vieja fotografía descolorida: allí posan sus padres a la puerta de casa y, entre ambos, el entonces joven Lorenzo, de mozo.

Los establos tocan pared con pared con la vivienda. Llegada la hora, puntualmente y sin que nadie les haya invitado, los corderitos huérfanos entran directamente hasta la cocina, muertos de hambre, para que el bueno del Caqui les dé el biberón... los muy tragones.

—Este lo he criado a *ritón* —así le llama a la crianza con biberón. Perdió a su madre y él lo alimenta con leche recién ordeñada de sus cabras. Si una oveja pare tres corderos, el pastor le arrancará uno de ellos, pues solo a dos puede criar, uno para cada pezón. Tan solo dos mamas tiene la madre. "Si trillizos la borrega tuviere, el último se lo crías tú", diría la máxima del buen ganadero.

Varios *ritones* le lloran al pastor en la pequeña "guardería" que se le ha montado. Las madres murieron, o bien rechazaron a sus recentales. Insistentes, balan con impaciencia a sus pies, exigiéndole la dosis caliente de la mañana. ¡Quién lo ha visto y quién lo ve! De recio pastor serrano a tierno padrazo con sus suaves corderitos.

Resulta irónico que un criador nato de ovejas como él no pruebe ni por asomo la carne de sus corderos.

—Cómo voy a matar yo a este borrego que siempre ha estado conmigo. Me da pena —dice mientras señala con el dedo al cordero que chupa sus dedos como si fuesen las ubres de la madre.

El alma de este adusto pastor serrano esconde un corazón sensible. Incapaz de sacrificar a sus animales, descarga esta responsabilidad en los comerciantes que se los compran. Que sean ellos los matarifes.

—Yo los vendo vivos y ya que ellos se encarguen.

El Caqui no cambiaría esto por nada del mundo.

—Yo me voy a Antequera —esa ciudad que se alza allí hacia el norte— y me muero de pena.

Este veterano es el pastor más viejo de cuantos aún sobreviven trabajando en la sierra. Ha sentido en sus propias carnes los momentos más significativos, y en ocasiones duros, de la historia contemporánea en la sierra. Es uno de los que más pueden hablar, y en muchos casos callar, acerca de las vidas de las distintas sagas de habitantes del Torcal.

Pero, ante todo, el Caqui es un contador de historias. Capaz de recitarte durante horas a poco que te intereses por un nimio detalle de su larga existencia, su memoria prodigiosa le permite traer al presente, como si lo hubiese presenciado ayer, escenas olvidadas de otra época. Su asombrosa retentiva va enlazando una historia tras otra, pues en el mundo de los recuerdos, estos aparecen como por ensalmo, y se ramifican en mil matices hasta tejer una tupida red que conforma la memoria.

Verdadera leyenda viva, sus historias narradas oralmente son una ventana abierta al pasado, un lazo de unión que nos traslada a una época pretérita que ya no volverá. Mientras estas personas sigan vivas, vivirán con ellas sus recuerdos. Al irse, se perderá con ellos parte de nuestra historia. Oírle hablar lo convierte a uno en testigo privilegiado. Recoger estos registros nos permite que su memoria trascienda, perviviendo entre nosotros.

Finalmente, vuelve la vista atrás para hacer balance de su vida en medio de estas soledades serranas. Y siente, convencido sin el menor atisbo de duda, que ha sido una vida plena y que ha merecido la pena ser vivida.

* * *

El veterano pastor recuerda que, alrededor de los años sesenta del siglo XX, una paupérrima choza se erigía a escasa distancia de su morada: era el hogar de los Goro —si es que se podía llamar hogar a aquel cuchitril—. Estaba levantado con sólidos muros de piedra caliza. Con suma dignidad, José Chamizo Gómez, el Goro, habitaba aquel predio desolado, y de él colgaban sus once pequeños vástagos. El propietario de La Fuenfría les había cedido el pequeño terruño. Duras condiciones las de aquellos tiempos. En una única habitación vivían todos apiñados. Compartían camas: uno a los pies, otro atravesado, y cada uno buscando hueco en el camastro como buenamente podía.

José Goro trabajaba como pastor para Alfonso Conejo, amo de aquellas bastas heredes. Las pírricas ganancias de su trabajo apenas le daban para mantener a su numerosa prole, que no paraba de piar pidiendo comida.

La infancia de este pastor no fue nada fácil. Siendo muy niño falleció su madre. Los abuelos, sin medios para cuidar de él y de sus hermanos, tuvieron que tomar la dolorosa decisión: repartirían a los niños por cortijos del entorno, práctica tristemente habitual entre los más desarrapados en aquellos agrios tiempos de hambre y miseria.

Dos décadas habitarían allí. Y al abandonar la casilla, se haría con ella su vecino el Caqui, que no tardó en reutilizar para su propia vivienda las tejas, láminas metálicas y otros elementos de la vetusta choza de piedra.

Hoy, en los límites de El Colmenarejo, aún perviven, semiderruidos, los vestigios de aquellos muros, los de la vieja Casilla de los Goro.

Con el paso del tiempo, los descendientes de José irían labrando sus propios caminos. Uno de aquellos niños, Pepe Goro, saldría muy avispado. Un hermano le bautizó con el acertado sobrenombre de El Zorro.

Hábil y astuto como un raposo, El Zorro cultivó siempre un amor especial por la música, y dedicaría los mejores años de su vida al mundo del cante. Hoy se desgañita en los tablaos de los pueblos del contorno como cantaor flamenco que es por los cuatro costaos.

* * *

Hubo un tiempo pasado en que las ancestrales heredades de La Fuenfría ocupaban un vasto territorio. Al servicio del señor, Alfonso Conejo, hasta veinte personas trabajaban duro en sus tierras, entre ganaderos, gañanes que manejaban las yuntas de vacas... Tan laborioso plantel incluyó también una cuadrilla que trabajaba a jornal: escardadores que arrancaban las malas hierbas, segadores y sembradores sudorosos.

*Heredades de la Fuenfría, testigos de un mundo donde el ganado y la tierra protagonizaron las vidas de la gente que las habitó. [Foto: el autor]*

Dos docenas de reses conformaban las doce yuntas que arañaron sin piedad aquellos viejos terruños serranos. Fue aquella la verdadera escuela temprana donde el Caqui aprendió a manejar las yuntas de vacas.

Las obligadas subidas de jornales que se exigían obligaron al amo a reducir gastos y a acortar tiempos, acelerando el proceso de arado de las tierras. Así que aquellas vacas, recias pero tranquilas, serían sustituidas —no cabía otra— por mulos, que avanzaban más diligentes en su trabajo. Las máquinas del campo no habían alcanzado aún los umbrales de estas soledades serranas. Cosechadoras y segadoras invadían la cercana Vega de Antequera, mientras negaron largo tiempo su labor a la retrasada sierra y a sus siempre olvidadas tierras meridionales.

Apretados rebaños de la finca acudían a saciar su sed a unas hermosas pilas en los confines de la sierra. Aquel *"aguaero de los animales"*, como rememora Lorenzo, eran las Pilas de La Fuenfría. Hoy sigue conservando, con sus aguas refulgentes, aquel antiguo esplendor de antaño.

El Caqui continuó doblando su dolorido espinazo en La Fuenfría durante tres largas décadas a las órdenes de aquel amo bueno, don Alfonso Conejo.

Por aquel entonces, el almanaque del campo se medía por *varadas*. Así se denominaban los intervalos de tiempo que transcurrían entre festividades. Estas iban desde la feria local a San Miguel, de San Miguel a Los Santos, de Los Santos a Pascua, de esta a Carnaval, desde este a Semana Santa... Y así continuaba a través de la primavera. Las varadas eran las épocas de trabajo y, llegada una festividad, se hacía parada y recuento de lo ganado, momento en el cual los amos pagaban a sus trabajadores. Era entonces cuando decidían la contrata para la siguiente varada, o el despido de los empleados, según lo que demandase en tal momento la tierra y el ganado. Eras contratado para una varada, y por varadas se te pagaba. Y cada varada podía requerir distintas faenas: la varada de la aceituna, la del arado, de la siembra, de la siega del cereal... Aunque tal extremo se dio sobre todo para el trabajo agrícola, pues el ganadero tendía a ser más estable durante años.

La singular valía de don Alfonso le proyectó a trabajar para los grandes de esta tierra. Llegaría a convertirse en el administrador del gran terrateniente don José García-Berdoy, amo y señor de tierras y haciendas a lo largo de bastas extensiones por estos confines.

—Fíjate si era influyente aquel hombre de confianza de García-Berdoy —comenta entusiasmado el Caqui— que al mismo Conejo acudían personas desesperadas en busca de trabajo para que intercediese por ellas ante el señor. De su puño y letra firmaba un escrito, verdadero salvoconducto que les abriría las puertas de la fábrica de azúcar, propiedad del hacendado, pasando automáticamente a formar parte de su envidiada plantilla.

García-Berdoy poseía por entonces "medio mundo", figurando en su haber extensas propiedades a lo largo y ancho de la comarca. Entre sus muchos negocios destacó La Azucarera, una fábrica de azúcar en plena Vega de Antequera que dio empleo y vida a muchas almas.

Y no sería aquella la única muestra de confianza sin reservas de García-Berdoy hacia su administrador. La siguiente historia ilustra tal extremo:

La inmensa vacada del terrateniente, repartida por sus diferentes fincas, se reproducía en abundancia. Llegó un momento en que alcanzó números desorbitados.

—Sería menester echar algunas vacas fuera —exhortó a su subalterno.

Era necesario deshacerse de, al menos, una treintena de reses, de entre aquellas que fuesen más viejas y menos productivas.

Alfonso, hombre de campo con mil conocimientos en el mundo de las vacas, seleccionó las candidatas a abandonar para siempre este mundo.

El señor, señalando con el dedo las —elegidas— para el patíbulo, le espetó:

—Afóramelas.

Precisaba conocer el peso total de la vacada seleccionada, sin la parafernalia técnica de su pesaje. Establecería así el precio a exigir por su venta.

El ojo experto de Alfonso Conejo se puso a trabajar, escudriñando al dedillo cada una de aquellas masas de carne viviente. Sin echar mano de instrumento alguno, valiéndose exclusivamente del instinto y la experiencia que le regalaron sus largos años bregando entre excrementos y ubres, comenzó a ir —leyendo— en los animales el pesaje —a ojo—:

—Esta los doscientos kilos, esta otra quinientos, trescientos …

Y así hasta finalizar la larga fila de aquellas treinta astadas que anotó en sus meticulosos apuntes.

Su intención, llevarlas al matadero sin mediar pesaje, confiando en las solas cuentas del señor Conejo.

Pero García-Berdoy ni de su propio administrador se fiaba. Y, entre precavido y desconfiado, decidió a hurtadillas, y a espaldas de su fiel servidor, llevar a pesar la vacada.

Finalizado el peritaje, el hacendado pudo comprobar, asombrado, que Alfonso, en su particular aforo —a ojo— de la treintena de animales, únicamente erró en apenas diez kilos, siendo además en beneficio del amo. Para los anales de aquella relación, quedó demostrada la pericia y experta vista ganadera de aquel sabio hombre de campo; pero, sobre todo, y lo que era más importante, el alto grado de honradez y fidelidad que por siempre le profesó aquel que fuese su leal administrador.

Trabajaba Lorenzo el Caqui en la finca de La Fuenfría cuando llegó a oídos del amo que acababa de aterrizar una novedosa variedad de garbanzos muy demandados, de gran calidad, harto resistentes en la tierra y con muy pocas pérdidas: los "garbanzos mulatos sevillanos". Y como quiera que aquello resultaba una ocasión que no había por menos de desperdiciar, allá que fue enviado el Caqui, hasta las tierras sureñas de Cherino, donde habría de adquirir un cargamento de aquellas prometedoras legumbres de tan buena cuna. Arribó allá el bueno de Lorenzo tirando de dos bestias, y Manolo el del Cherino, ni corto ni perezoso, le llenó las alforjas hasta los topes. Aquella reata cargada encaminó sus pasos de vuelta hacia la sierra, satisfecho el arrierito, pues con tan fértil cargamento contribuiría a enriquecer la simiente en estos labrantíos de la sierra.

\* \* \*

Un día, el pequeño Rafael, hijo de Alfonso Conejo, se dirigía a casa en La Fuenfría tras uno de sus acostumbrados trasiegos por la sierra. A esto que encuentra en el suelo un extraño objeto que le llamó poderosamente la atención.

Lleno de curiosidad, con la inocencia de su edad, se agachó para prenderlo entre sus manos. Por todo el camino de vuelta a casa, el zagal se entretuvo dando golpecitos con su nuevo juguete sobre el recio albardón que portaba a lomos su asno. El demonio quiso jugar aquel día caprichoso y demoró largamente su aparición esperando al mejor momento para clavar su garra inmisericorde.

Al cruzar la puerta de la vieja casona, Rafaelillo era recibido por su madre, Antonia. El pequeño dejó caer al suelo su curioso hallazgo. Instantes después, aquel artefacto asesino produjo una brutal explosión.

Tal vez años atrás no quisiese detonar, cuando fue lanzado para causar daño, quedando olvidado en medio de aquella salvaje contienda civil que osó hollar lo más alto de estas cumbres.

La detonación le provocó a Rafaelillo la amputación de una de sus manos. A su madre, la onda expansiva le causó graves daños en el estómago. Lesiones con unas secuelas que no lograría superar, produciéndole la muerte pasado un tiempo.

\* \* \*

Las ovejas que pastan hoy en las cumbres del Torcal ubican sus parideras allí abajo, en unas desvencijadas naves a orillas del río de la Villa. Cabrerizas fueron y, tiempo atrás, cálidos gallineros de ávidas ponedoras.

Junto al establo, una vieja construcción cargada de historia pervive ruinosa: el antiguo edificio de La Juanona. Tras un pasado como molino hidráulico cuya noria de cangilones fuese movida ruidosamente al ritmo de las aguas del río, sería más tarde fábrica de actividad febril.

Hasta dos ruedas hidráulicas tuvo La Juanona en su entorno. Aquellas que tantos hilos y batanes movieron accionadas por la fuerza del agua. Tras largos años de abandono, una de ellas fue reparada y luce hoy orgullosa, erigida en plena zona industrial, homenaje vivo al pasado industrioso de la villa de Antequera. Un tiempo en que buen número de fábricas de mantas, bayetas y paños se levantaron estratégicamente a lo largo de la Ribera, dando dinero y trabajo a tantas almas en la ciudad. Su gemela se encuentra asimismo restaurada junto al Convento de la Magdalena. Este lugar ya estaba ligado desde antiguo a las ovinas y a sus densos vellones de lana.

En los años cuarenta del pasado siglo, don José García-Berdoy regentaba la poderosa industria mantera antequerana, la cual manufacturó sin descanso durante más de una centuria.

Emulando a las familias de abolengo en la historia, las uniones matrimoniales estratégicas de los García-Berdoy contribuirían a mantener y aumentar propiedades, patrimonio y poder de esta potentada saga.

Pero fue mediado el siglo XIX cuando el industrial José Carrera levantó inicialmente la fábrica de La Juanona para elaborar hilados de lana.

*La cercana fábrica de hilados "La Maquinilla" formó parte de aquellas antiguas fábricas textiles del río de la Villa. [Foto: A.H.M.A.]*

*El tratamiento de la lana, así como de los curtidos y pelambres seguía un completo proceso a lo largo de las diferentes fábricas especializadas. [Foto: A.H.M.A.]*

Una de sus hijas heredaría la empresa. Más tarde, García-Berdoy Carreras quedaría prendado de ella, contrayendo nupcias y pasando él a gestionar la prometedora industria de hilados.

Aquella lana atravesaba un largo proceso de transformación. Varios edificios componían el emporio y cada tratamiento se efectuaba en un edificio, saltando de fábrica en fábrica en cada una de las fases del tratamiento.

*Interior de una fábrica, con sus tornos para hilar. [Foto: A.H.M.A.]*

La Juanona era la primera puerta de entrada de aquellos densos vellones de lana recién esquilada a sus legítimas propietarias[37]. Lavada en calderas de agua caliente, pasaba de seguido a su tintado con pigmentos vegetales. Secada al sol, salía por la puerta, a lomos del carro tirado por diligentes bestias, que atravesaban la ciudad hasta otro lugar donde se hilaba, y las apretadas bobinas viajaban a los quince telares donde finalmente se tejían las mantas. Piezas que volvían al lugar del que salieron, pues de nuevo en La Juanona serían abatanadas, castigándolas a golpes sobre el "sufridero" con impertérritos mazos de nogal que rítmicos hacían sin clemencia aquel trabajo duro, enfurtiéndolas para darles cuerpo. Mojadas colgarían, muy pesadas, sobre perchas, donde se rasparían con

---

37.- Sánchez-Garrido, J. L. y Salazar, M. (2020). *Las últimas mantas de Antequera*, ExLibric.

las púas de la cardencha, sacándoles el pelo sobrante para dejarlas tersas y suaves. Cortándolas al tamaño que Dios manda, se ribeteaban y envasaban finalmente en cajas quedando listas para su venta. Darían calor en las más frías noches de invierno.

Pero un día el progreso llamó impetuoso a la puerta, trayendo de la mano el moderno hilo sintético. Este sería el primer golpe que conduciría a un progresivo declive que, años después, acabaría para siempre con aquella industria lanera que había convertido las aguas de La Ribera en un portentoso motor industrial antequerano.

* * *

Vinieron unos años de mucha sequía. Los cielos se negaban a alimentar los campos sedientos. Se secaron fuentes y manantiales.

En años cortos en lluvias —cuenta el parroquiano Juan Pozo—, las ganaderías se quedaban sin agua en sus predios habituales, yendo entonces a aquellas fuentes públicas que conservaban un rico caudal. Es lo que ocurría por ejemplo en la Fuente de la Torre o en su vecina Fuente del Torreón. A esta última iban, atraídas como un imán, las manadas de yeguas procedentes de la tierra de Cherino, más de diez kilómetros al sur. Arreadas por los yegüeros, acudían a apagar la sed en sus aguas.

—El del Torreón es un venero fuerte. Venían los animales todas las tardes a beber —recuerda muy bien Alonso Martín—, y en la Fuente del Torreón el agua nunca se secaba.

Arribaban también vecinos y habitantes del entorno para llenar con tan abundantes y generosas aguas los cántaros que portaban sobre sus mulas.

—A base de música de talón —añade Alonso—, a pie o con mulos hasta llegar a la lejana fuente.

Este foco de atracción permanente no pasó desapercibido para "uno de esos a los que gustaba buscarse la vida", como describe Alonso.

La ocasión la pintan calva. Y, ni corto ni perezoso, este emprendedor avispado "puso una cantinilla, un chozado de cañas, y ahí vendía vino, cerveza… Despachaba comidas, bebidas... Con la de gente que iba y venía llegó a hacer muy buen negocio.

Había por entonces un paisano, Joseillo Cantarero, que se dedicaba a guardar yeguas. Manejando la yeguada no había otro igual.

Al conocer de su prodigioso arte en el manejo de los animales, un ganadero de La Joya lo anduvo buscando con verdadera ansia. Necesitaba trasladar su nutrido rebaño de yeguas y potros. Aquella trabajosa ganadería ecuestre precisaba siempre del auxilio de hasta seis yegüeros para ser conducida desde el pueblo, a través del camino ganadero que conducía al cercano Los Nogales para retrepar hasta La Fuenfría, donde alcanzar los ansiados pastos nutricios. No había modo de controlar tan enorme rebaño y acababan comisqueando en los trigales que envolvían el camino.

Así que allí estaba Cantarero, dispuesto a comandar la operación que finalmente se le encargó.

El propietario acostumbraba acompañar siempre a los anteriores yegüeros para ayudarles en tan tediosa labor. Al proponer acompañar a Cantarero, este respondió al momento:

—¡No… No creo que me haga falta ayuda!

—Pero eso es imposible —respondió incrédulo el amo.

Y ahí quedó la cosa, con el interlocutor expectante por el devenir de los acontecimientos.

Aquel día, nuestro protagonista condujo la manada sierra arriba hasta su destino, y tras una larga jornada apacentándola en las planicies, volvió a asomar al atardecer por Los Nogales con la larga hilera de yeguas en fila india, una tras otra en ordenada formación, y sin tocar un ápice los cultivos que orillaban la senda. Hizo entrada triunfal con su legión al atravesar el caserío de La Joya, donde el amo y todos los vecinos que aquello presenciaron quedaron estupefactos y boquiabiertos ante la habilidad y pericia que aquel día demostró el encantador de yeguas Joseillo Cantarero. Nadie se explicaba cómo lo había logrado. (Foto 54)

Ante el incesante bombardeo de preguntas sobre el secreto de su buen hacer, Cantarero respondió:

*Como un encantador de bestias, Cantarero condujo la larga recua de yeguas hasta su destino final. [Foto: Tony Smallman]*

—Hoy, en su primer día conmigo, no han comido mucho las yeguas, que digamos.

Y es que, en lugar de dejarlas alimentarse, el yegüero había dedicado la mayor parte del tiempo en aplicar disciplina. Las hizo andar alineadas por una estrecha vereda y, cada vez que una de ellas se salía de la línea, pedrada que le caía estampada en el flanco.

Sus modos no es que fuesen muy respetuosos para con los animales, pero aquellos eran otros tiempos. Si en la escuela se aprendía a palos, en el campo, con el ganado, con mucha más razón aún se hacía así. Ahí radicaba su secreto. Su segundo principio: "heno a cambio de obediencia". De no respetar sus órdenes, hambre pasarían sin perdón.

Aquel día las jacas y potrancas aprendieron rápido. Un solo yegüero había hecho todo el trabajo, manejando con precisión quirúrgica los otrora indisciplinados animales. No era fácil dar con un profesional tan diestro y avezado como Joseillo Cantarero.

# 11
## EL JOROBADO DE ZAPATA

Al pie de los altos cantiles meridionales del occidente torcaleño, se enclava un pequeño predio de privilegiadas panorámicas, la tierra de Zapata, adquirida en su día por aquel pionero cuyo apellido resuena como un eco en la historia reciente al sur de la sierra: Francisco Corado Martín.

"Más de pastos que de siembra", como recuerdan los más viejos del lugar, señalando la sempiterna vocación pastoril que a lo largo de los tiempos gozó este hermoso rincón serrano. Ganado siempre tuvo, animales arrancando a diente, aquí y allá, la poca o mucha hierba que su suelo engendrara cada año.

Las prominentes paredes calizas caen a plomo sobre una pequeña casita blanca en el corazón de aquel aislado entorno.

Al morir el viejo Corado, aquel trocito de sierra con alma ganadera pasó a manos de su nieto, el pequeño Francisco. Y sería pequeño no solo de niño, pues en toda su vida poco creció.

Era Francisco Ligero Martín. Había nacido con una tara física que le marcaría para siempre. La meningitis, cruel como ninguna, había hecho mella sobre el pequeño desde su más tierna infancia. El insidioso virus le dejaría como estigma una pronunciada chepa que cargaba a la espalda por todas partes donde fuese, dibujándole una inconfundible silueta cuando desde lejos aparecía recortado sobre el horizonte.

—Francisco era más chico que una peseta de queso mal *despachá*. Fíjate si era chiquillo —comenta jocoso el vecino Juan Pozo—, que en una ocasión acudió al sastre en Antequera, y cuando este comenzó a tomarle las medidas, pequeñito y jorobado como lo vio, exclamó: "Usted lo que quiere es una funda de pistola".

Aquella finca fue conocida por todos como la tierra del jorobado.

El Jorobado de Zapata, como fuese apodado por los parroquianos, sería pequeño y cojillo de una pierna, pero siempre supo defender con mucha garra lo que era suyo.

Su madre murió cuando él era muy niño. La vida es muy caprichosa, y la muerte se la llevó antes de tiempo, sin que sirviesen de nada las muchas propiedades y riquezas que atesoraba. Privado de aquellos maternales cuidados, tuvo la enorme suerte de ser adoptado por una de las mujeres de la familia, su tía María la de La Alhaja. La tía María lo crió dándole de comer "muchas gachas", como recuerda con cariño el Caqui.

El hermano de Francisco era conocido como el tío de la Miera. Posiblemente se dedicó a la producción y venta de la miera, el rico aceite de enebro hembra. Se trataba de un excelente purgante de uso generalizado entre los pastores, quienes no dudaban en hacérselo tragar a sus cabras para limpiarles el estómago si sufrían de alguna eventual infección.

Mil usos tuvo aquella pócima curativa antes de que el Zotal irrumpiera a nivel industrial de manera generalizada[38]. Si una de las ovejas tenía caries, allá que el pastor le aplicaba aquel espeso aceite milagroso para hacer desaparecer la parte infectada. Aplicada en las heridas eliminaba su infección, evitando a la temida moscarda. Asimismo, cual hisopo de agua bendita que expulsase al demonio, gotas milagrosas de miera ahuyentaban a víboras y culebras rastreras de osar invadir el redil o el umbral de las casas de campo. Y si se aplicare mojada en una pluma, se diluía con rapidez en el los abrevaderos del ganado, facilitando que este lo bebiese con más desenvoltura.

Antaño no había vacunas para el ganado.

—Las únicas vacunas eran las que apañábamos nosotros —explica el Caqui—. Hacíamos una cura de miera con sal y limón. La miera era una cosa muy buena para los animales.

El pastor se esfuerza en transmitirnos sus alabanzas y bendiciones hacia aquellas pócimas de miera y el efecto milagroso sobre sus ovejas.

—Venía un hombre hasta aquí vendiéndola, con su mulo y unas garrafas llenas con la miera. Era un líquido negro. Con él, hacíamos "la purga". Se mezclaba todo y se le abría bien grande la boca al animal,

38.- Monesma, E. *El aceite de enebro*, Pyrene. https://www.pyrenepv.com/aceite-enebro/

vaciándole una cucharada o dos según el estado de salud del *bicho*, para que limpiara por dentro.

También se suministraba este brebaje milagroso como bálsamo de Fierabrás para las cabras recién paridas. Aquello lo curaba todo o, al menos, eso decían.

Desde Villanueva de la Concepción, donde residía, el jorobado acudía todos los días al terruño en Zapata, al que un gran apego le unía, prestando allí solícitos cuidados al rebaño de ovejas. Subía a lomos de su querido borrico.

Allá arriba, apontocado en lo más alto de la era, hacía de vigía incansable, muy celoso de lo suyo, oteando cada palmo de sus dominios. Echaba mano de sus despostillados gemelos alzándolos ante sus ojos al más mínimo atisbo de presencia forastera. Los extraños no eran bienvenidos, y solo eran invitados a una cosa: darse media vuelta y volverse por donde habían venido, caminito *alante*, con viento fresco. Así se las gastaba el osco propietario de Zapata.

\* \* \*

Un mal día —hará de aquello más de tres décadas—, el pobre jorobado fue a echar mano de su acémila para iniciar el diario peregrinaje cuando reparó sorprendido en que el animal se había esfumado de la faz de la Tierra. Por más que lo buscó, no aparecía por rincón alguno. Y supo de inmediato que acababa de ser víctima de los amigos de lo ajeno. En segundos imaginó lo sucedido y barruntó el paradero y destino de su fiel compañero. Cuatreros no faltaban en aquella tierra de necesidad y pillaje. La avispada mente de aquel pequeño hombre enseguida urdió y maquinó un plan que en los días venideros desplegaría con esmerada precisión.

Contrató al Menchor, un conocido suyo. Este se convertiría en su fiel ayudante de operaciones durante aquella estratégica misión. Tan peculiar pareja emprendería un tour que le llevaría a realizar una rueda de visitas, supuestamente "comerciales", por diferentes pueblos a lo largo y ancho de la provincia malagueña.

Muy de mañana salían todos los días, rodando sobre el vehículo que conducía el nuevo asistente. Menchor y el Jorobado visitarían, a lo largo de jornadas maratonianas, todas las cuadras y negocios de venta de caballos, asnos y mulas que fueron encontrando. Álora, Alhaurín, Vélez, y hasta Málaga capital. Ningún detalle escapaba a sus ojos.

Por aquellos años mucha gente se dedicaba al "trato": la compra-venta y cambio de animales de tiro. Era admirable la capacidad que para tales negocios tenían las familias gitanas, verdaderos profesionales en el difícil arte del regateo y la mercadería.

En una de aquellas "visitas", en las cercanías del malagueño barrio de El Palo, recalaron en una rústica cuadra. Expuso al propietario su deseo de conocer el género cuadrúpedo que ofertaban, con la simulada intención, si alguno de sus animales le interesaba, de llegar a un trato.

Francisco hablaba con su interlocutor *a grito pelao*. Buena razón tenía para ello.

De pronto, en el trasfondo sonoro de aquella conversación mercantil, comenzó a oírse, de lejos, un familiar rebuzno que el Jorobado reconoció al instante. Una enorme alegría inundó hasta el último de sus cabellos, aunque Francisco logró disimularla. Tal fue la relación entre ambos, pollino y dueño, que el animal reconoció la voz de aquel hombre pequeño de talla, pero que tan buen trato siempre le profirió. Tiempo le faltó para, con sus sonoros rebuznos, implorar ansioso ser liberado de aquel forzado cautiverio.

—¡Pues no me interesa! ¡Nos vamos!

Fue la brusca respuesta con que el Jorobado zanjó en seco aquella transacción.

Y, ni corto ni perezoso, se lanzaron raudos al interior del vehículo, rodando como un rayo hasta el cuartelillo más cercano de la Guardia Civil.

Al poco ya estaba la Benemérita informada de todos los hechos con pelos y señales. Y tras una efectiva intervención por parte de los agentes, el astuto Francisco recuperó su amado borriquillo, el cual al poco se encontraba de nuevo disfrutando de aquella plácida vida al pie de la sierra de la cual un malhadado día fuese arrancado contra su voluntad por unos ambiciosos desalmados.

—Así fue como ocurrió. De todo aquello me acuerdo yo.

Testifica el vecino Juan Pozo, perjurando la veracidad de aquellos hechos que, relatándolos con detalle, acaba de revivir.

**P**ero los males no venían solos. No sería esta la única experiencia que el pobre Francisco padeciese en estos lares, pues el destino le guardaba postreros tragos amargos.

Y es que, para colmo de desgracias, como si el Jorobado no tuviese bastante fatalidad con la tara física que la vida le clavó a traición, también los hombres —queriéndole jorobar aún más— la tomaron con él o, para ser más exactos, con sus abundantes posesiones. Porque, eso hay que reconocerlo, el destino quiso enderezar sus renglones torcidos y, por ello, le compensó con abundantes heredades que, como maná del cielo, recibiese por herencia materna. Extremo que no pasaría desapercibido para los envidiosos del prójimo.

Aquello ocurrió años antes de su "aventura" con los tratantes cuatreros, envuelto todo en la oscura neblina que había dejado el halo de la Guerra. Tiempos de hambre y miseria donde, en numerosas ocasiones, emergió lo peor del ser humano.

—En aquellos tiempos de posguerra, había necesidades tan tremendas… —comenta, envuelto en recuerdos, el vecino Alonso Martín.

Aquel dichoso día, en plena sierra, al pie de los farallones del Tajo del Espejo, se encontraba Francisco enzarzado en sus mil tareas cuando de repente se le acercó al descuido un enmascarado. Valiéndose de su superioridad física, y ante la indefensión de nuestro pequeño hombre, logró prenderle a la fuerza. Allí sujeto, el jorobado se dio cuenta de una cosa: estaba siendo secuestrado.

El malhechor le obligó a avanzar, delante de él, montaña arriba. Encaminarían sus pasos hacia una zona muy accidentada y agreste. La intención del malvado era exigirle una importante suma de dinero por su liberación.

Retreparon El Saltaero, paso irregular de acusada pendiente, junto a los farallones a plomo del Tajo del Espejo, ascendiendo vertiginosamente. Al espetarle a gritos el secuestrador conminándole a arrancar la marcha, la víctima creyó reconocer una voz familiar.

El encapuchado, bien pertrechado, portaba comida en ristre y una botella repleta de agua al morral. Y es que para esto de secuestrar es mejor ser precavido. Nunca se sabe cuánto se puede demorar el rapto, así que ve bien avituallado, pues desconoces cuan empecinado puede resultar tu víctima a la hora de soltar el botín exigido.

Tras buen rato de marcha, Francisco suplicó lastimoso un trago de agua a su captor. Este dudó, pero accedió finalmente a dejarle beber de su botella.

En un momento de arrojo, el detenido hizo acopio de valor y, en una fracción de segundo, con la sangre fría que solo el miedo le puede a uno inyectar, estrelló violentamente el recipiente de vidrio, con toda la fuerza que pudo sacar de su pequeño cuerpo, sobre la cabeza de su raptor.

—El *Jorobaillo* era chico, pero tenía una mala leche...

Comenta hoy el Caqui, recordando aquella escena como si hubiese sido ayer.

Aquel soberbio *porretazo* dejó soberanamente aturdido al malhechor, ocasión que el Jorobado aprovechó para arrancarle de un tirón la máscara que cubría su rostro.

—Pero ¡qué demonios! —pensó estupefacto el Jorobado—. No puede ser.

Sus sospechas se confirmaron.

—Pero si tú eres... el zapatero... el hijo de Antonio Corro el de Las Lomas.

El facineroso, al verse descubierto, echó a correr con el rabo entre las piernas.

Ladera abajo, unos trabajadores se afanaban arrancando garbanzos de la tierra. El Jorobado les alertó clamando.

—¡Pilladlo ahí, pilladlo!

Al oír los gritos, los braceros arrancaron a correr tras el fugitivo. Tras alocada persecución, lograron finalmente darle caza.

—Te tenemos, bribón.

Retenido, sin escapatoria, por aquel puñado de manos rudas. Al descubrir su identidad, no podían salir de su asombro: aquellos campesinos, hermanos entre sí, lo eran también, mal que les pesase, del sujeto que acababan de aprehender y que ahora agarraban con fuerza.

La indignación les hirvió por dentro al descubrir a su hermano de sangre cometiendo tamaña canallada. La emprendieron con él, llegando a las manos. Y una fraternal, aunque no por ello menos contundente, tunda de palos bien propinados cayó sobre él. Para que aprendiese, con jarabe del bueno, que tan innoble acción no cuadraba ni por asomo con lo que padre y madre, con tanto esfuerzo, les hubieron inculcado toda la vida.

La paliza que aquel bala perdida recibió tal día no quedaba solo en familia, pues el zapatero rufián acabaría, entregado por sus propios hermanos, en manos de la Guardia Civil, entre los fríos muros del cuartelillo de Villanueva de la Concepción. Por aquella época, la Benemérita no dudaba un ápice en aplicar adecuado correctivo a quien considerase buen merecedor de ello, y aquel día el zapatero lo era hasta las trancas.

El agente Morilla era bien conocido en todo el contorno por aplicar jarabe de palo sin pestañear.

Cariñosos besos no le dieron precisamente. El zapatero recibió de lo lindo. Golpe va, golpe viene. Hasta el propio Jorobado acabó por compadecerse implorando al agente que cesase la azotaina al pobre diablo.

Aquel día, fue al zapatero a quien zurcieron bien. Maldita la hora en que tomó la errada decisión de tornar el remiendo de zapatos en la extorsión sin compasión.

Más de tres años permaneció a la sombra, sus huesos entre rejas, aquel que sería conocido para la posteridad, en todos los mentideros de la sierra, como el secuestrador del Jorobado de Zapata.

# LA MOCHA

Arreciaban aquellos tiempos de posguerra, con hambres un día sí y otro también. Hubo por entonces una mujer cuya resistencia causó admiración a todo parroquiano.

A Josefa Moreno —o como fue conocida por todos cuantos la trataron, La Mocha—, le tocó vivir una vida un tanto tortuosa. Las mil dificultades que encontró a lo largo de su existencia, con creces supo afrontar, con una fuerza admirable y la frente siempre bien alta.

En el corazón del Torcal, Josefa y los suyos vivieron en la misma miseria. Pobres de solemnidad. Sin propiedad alguna, vivienda decente ni terruño que labrar, recorrían la sierra con lo solo puesto y hasta eso lo llevaban a veces *de prestao*.

Pero la historia comienza años atrás, cuando su padre, José Eusebio, habitó una pequeña casita que se erigía solitaria en lo más alto de Las Escaleruelas. Sería aquí donde la niña Josefa, junto a padre y sus seis hermanos, tuvo su origen iniciático, germen de la que sería una postrera vida de trasiego nómada por El Torcal y sus anchos contornos.

Transcurrió así la infancia de aquella zagala montaraz, con las peñas como patio de juego, y como vecinos los rebaños de borregas que pastaban los prados.

Creció Josefa y formó familia, y junto a su marido e hijos viviría en predios serranos tan perdidos como el mismísimo bosque de La Muerte, al pie de los cortados sureños junto al Tajo del Espejo. Había tomado una decisión: no pensaba estar toda su vida llorando por los rincones cual vulgar zarzamora. Trabajaría como uno más en la gran finca de La Fuenfría, arando el labrantío, porque manos nunca le faltaron para arrancar de la tierra lo que pudo, o lo que le dejaron.

En su peregrinar, aquella familia levantaba, con sus manos desnudas, improvisados chozos temporales a lo largo de veredas y realengas, trocando de morada por épocas en medio de aquellas soledades montiscas. Caminos públicos que, al no ser de nadie, eran de todos, y que ella convirtió en su hogar, pues nunca nadie osó expulsarla de aquellos dominios.

Elegido el emplazamiento, acopiaba piedras y levantaba un resistente muro seco que remataría en cubierta con ramajes y cubriría de broza protectora. Se limitó a seguir los cánones constructivos secularmente utilizados por generaciones de antiguos pastores de la sierra. La Mocha pudo ser tal vez uno de los últimos habitantes de los tradicionales chozos en El Torcal de Antequera.

La capacidad de la Mocha para buscarse la vida no tenía límite, y ningún prejuicio jamás la coartó. En pleno centro de Antequera, cerca de las transitadas posadas de aquel entonces, colindando con la barroca Plaza de San Sebastián, un establecimiento de vieja profesión se abría todas las noches.

La taberna exterior era solo una antesala a lo que más adentro se ocultaba. Todo caballero que entrara con la sola intención de tomar un café, o paseara inocente ante su puerta, era amablemente invitado a ascender las sinuosas escaleras que prometían conducirles al mismísimo cielo. Alguien tenía que realizar aquella labor de "captación". ¿Por qué no iba a ser ella, necesitada de echar algo a la saca? Así que allá estaba nuestra protagonista, haciendo de enlace entre dos mundos.

La noticia pronto llegaría a oídos del más protector de sus hermanos, Pedro Eusebio. Aquel pocero fue siempre conocido por los contornos como un hombre recto y trabajador. Había heredado del padre su nombre de pila, y también con ello la firme responsabilidad de proteger con celo a cada uno de los hermanos.

Enterado de las andanzas de su querida hermanita, le subió repentinamente una clase de ira irrefrenable que le disparó la sangre a punto de ebullición. La oveja había puesto una patita fuera del redil, y el buen pastor se encargaría, por las buenas o por las malas, de sacarla de aquel territorio oscuro que nada bueno le acarrearía.

Con determinación, dirigió sus pasos hacia la taberna del mal. Como si entrase al mismísimo infierno para arrancar de sus entrañas una pobre alma perdida, cogió de un puñado a la desprevenida Josefa, que bien poco pudo hacer para resistirse.

Con amor fraterno le dio las del pulpo y un poquillo más, arrancándola para siempre de aquel tugurio de mala muerte en que maldito el día que decidió entrar, y al que, desde luego, nunca más se atrevió a pisar.

\* \* \*

Vueltas las aguas a su cauce, pasaron los años. Varios hijos tuvo la Mocha. Uno de ellos, Frasquito, tendría un final triste que nadie habría querido para sí ni para los suyos.

El pobre Frasquito nació con cierta discapacidad intelectual. Gustaba visitar habitualmente la tierra de El Navazo y pasear entre las vacas y toros que allí pacían.

Aquel chiquillo inquieto adoptó la costumbre, poco recomendable, de incordiar un día sí y otro también al semental de la manada, un toro enorme cuyo carácter no le convertía precisamente en el blanco ideal para bromas y molestias. Era pasear el zagal a la vera del astado y lanzarle al animal, con gran puntería, una rama o una pedrada sin que mediara motivo. Pero aquella sarta de humillaciones gratuitas no caería en saco roto para los irascibles sentimientos de aquel cetrino astado.

Pasó el tiempo. Un día, Frasquito había estado tomando alguna que otra copita de más, de cuenta de un denso vino peleón que le dejó flotando en el aire. Ni corto ni perezoso, el rapaz decidió echarse a dormir una profunda siesta sobre el mullido prado de El Navazo. Pero aquel zagal no estaba solo. Alguien, desde lejos, observaba todos sus movimientos mientras simulaba pastar en la densa hierba. Un viejo conocido suyo, el enorme bóvido, rey de aquel hato de vacas, proyectó, fríos, sus dos profundos ojos negros sobre aquel humano indefenso que un mal día lo eligió como blanco de sus molestas ofensas. Aquella mirada profunda, cargada de odio visceral acumulado tras largo tiempo de humillaciones, hablaba por sí sola. Había llegado, al fin, el momento largamente deseado. El destino servía el postre en bandeja. Y el mastodonte no lo iba a desaprovechar.

Como morlaco salido de chiquero, arrancó a correr y, en segundos, llegó hasta su víctima que, inmersa en plácido sueño, no imaginaba ni de lejos lo que le venía encima. Arremetió el animal contra el pobre Frasquito, con tal saña y odio que, hasta el hijo de Eugenio, dueño del hato de vacas, salió volando al divisar de lejos la violenta escena que se estaba desatando.

—Aquel toro le había cogido interés —contarían los vecinos años después.

El vaquero, no sin dificultad, consiguió arrancar aquella masa de testosterona enfurecida de su pobre víctima. Frasquito aún se movía, amagando levantarse tras la salvaje sucesión de monumentales cornadas.

La situación parecía resuelta. Eso creyó el boyero. Nada más lejos de la realidad. La aparente calma duró un suspiro, pues solo unos segundos tardaron en precipitarse los acontecimientos. Aprovechando un descuido, el semental, inyectado en odio, volvió a embestir, con renovado brío, sobre su ya maltrecha víctima. El toro logró rematar a aquel pobre diablo, en esta ocasión sin escapatoria alguna. Frasquito murió bajo las astas de aquel toro castellano que tanto le odió, y que convirtió la venganza en su más ansiada ambición.

* * *

Gran amistad llegaría a forjar Josefa con el pastor Frasco Patarra. Por aquel entonces, ella hubo levantado un chozo en la ladera que asciende al Puerto de las Campanas. Allí vivía junto a su numerosa prole.

El bueno de Frasco no dudaba en guarecerse en el humilde chamizo de Josefa cuando, en sus trasiegos por la sierra, una inesperada tormenta le sorprendía careando su rebaño por el entorno.

Hospitalidad entre vecinos, a pesar de las penurias. Así lo recordaría años más tarde Isabel, hija del Patarra, al rememorar de niña aquella vieja relación de amistad sincera.

Durante las temporadas de mayor faena, Frasco necesitaba recurrir a la ayuda de algún mozo en su trabajo con el rebaño del amo, el señor García-Berdoy. En más de una ocasión contó con la ayuda de Agustinito, hijo de la Mocha.

"Con frecuencia acostumbraba Agustinito a venir a casa", recuerda Isabel. Él era en todo momento bienvenido, y un plato de comida caliente siempre habría para él. La buena vecindad anidó siempre en el corazón de los Patarra.

Pero aquel joven, tímido hasta la extenuación, nunca decía "esta boca es mía". Se atrincheraba en el rincón del comedor y no había alma humana que de allí lo despegara.

Cuando al fin se decidía Agustinito a salir del rincón, se arrimaba prudente a la mesa para descubrir que ya solo quedaban las últimas migajas que rebañar en lo más hondo de la fuente, y quedando con la barriga más vacía que una charca en verano. Su cortedad le hizo pasar muchas hambres en la casa de los Patarra, a pesar de la hospitalidad de estos buenos pastores.

Otra de las facetas que caracterizaba su personalidad era la seriedad, pues misión imposible fue arrancarle jamás una leve sonrisa a aquel más que prudente muchachito.

Un buen día, la primavera llamó a la puerta. Y pronto se fijó el joven Agustín en la mayor de las hijas de Frasco. Su corazón palpitaba, pues solo tenía ojos para esta niña cuya redonda carita, oronda y de luminosos coloretes, personificaba la buena salud que en aquella casa se disfrutaba, en gran medida por las mimadas borregas que alimentaban a la familia de ganaderos. Un buen día, Agustinito le echó valor y, decidido, se plantó ante Frasco, con tono seguro y firme:

—Frasquito.

—¿Qué quieres, Agustín?

—Vengo a pedirle la mano de su hija.

\* \* \*

Otro de los hijos de la Mocha, Manolo, vuelve hoy al lugar donde echó los dientes.

Manolo se emociona al revivir en su memoria, nostálgico, aquella niñez en el seno de una familia literalmente apegada a la tierra. Al frente, una madre protectora. Un mundo de privaciones, pero rebosante de unión.

—Ahí viví yo de chiquitillo. Ahí, en la Muerte... estuvimos viviendo unos pocos años.

A su lado, el pastor Pepe Parrón le escucha con grave atención, sin decir palabra. Se hace cargo de la intensa sensación que en ese momento embarga a su amigo.

Una experiencia digna de ser contada. El predio de la Muerte fue su morada.

Los dos viejos amigos contemplan el añoso encinar, agreste rincón plagado de piedras, y áspero como los lagartos que lo reptan.

Tiene la sensación de que no ha pasado el tiempo. Inmerso en ese espacio intemporal, Manolo parece oír, entre los añosos árboles, a su madre Josefa llamándole.

Hoy se erige un viejo formazo en su interior con gruesas paredes de piedra. Tal vez el hogar que acogió a La Mocha y su prole. Una solitaria encina reclamó aquel recinto sagrado, y hoy crece orgullosa ocupando toda la estancia. Un pozo en las cercanías surtió de agua al conjunto. El Bosque de la Muerte, hoy un diseminado de descomunales chaparros, tal vez sea el último reducto superviviente de aquel denso cinturón de encinares que otrora abrazase a la Sierra del Torcal.

En las cercanías, sobreviven los cimientos semiderruidos de dos antiguas casillas en piedra. Cuentan que en una de ellas apareció un día una niña muerta. La tétrica visión del pequeño cuerpecito inerte terminaría bautizando para siempre a aquel lugar, el Bosque de la Muerte.

# 13

## EL ECUADOR DE UN SIGLO

El territorio sur del Torcal ve iniciarse la segunda mitad del siglo XX en unas condiciones sociales muy duras. Las tierras de labor al pie de la sierra serán trabajadas por nutridas cuadrillas de escardadores. Hasta cincuenta jornaleros en un terruño, espaldas dobladas bajo un sol de justicia y compartiendo entre todos un par de cántaros con los que echar, de cuando en cuando, un trago de agua al gaznate.

—Allí metía la boca todo el mundo —comenta Alonso Martín.

Cuando llegaba la hora del postre, hasta veinte hombres podían compartir un gran lebrillo de leche, hincado en medio de aquel corro hambriento, en el que hundían con deseo los cucharones de palo que, ásperos, dejaban en los labios heridas dolorosas.

Alonso recuerda que, a pesar de todos los pesares, se respiraba un ambiente de profunda alegría. Al llegar la tarde, salían disparados del trabajo y, raudos, se aseaban como podían en una palangana. Arrancaban a andar durante varios kilómetros la distancia que los separaba de El Cerro. Los más afortunados lo harían en bestias. El vehículo era impensable para aquellas raquíticas economías.

Allá en su anhelado destino les esperaba la fiesta y el cante.

Para abastecer a los parroquianos de los contornos de alimentos y utensilios de uso cotidiano, se habían levantado, en medio de los campos, pequeños chamizos que hacían de improvisadas tienditas.

Si los caprichos del tiempo mandaban temporales con largos meses de lluvias sin fin, se volvía imposible el trabajo en las faenas del campo, esfumándose de un plomazo sus escasos ingresos, y las pobres criaturas tenían que pedir *fiao* a los propietarios de las tienduchas, pues no podían pagar la comida del día. Y el dueño, con todo el dolor de su corazón, se veía en la tesitura de negar aquel pan a sus propios vecinos. Una situación tremenda, como recuerda Alonso.

Para terminar de clavar la puntilla hasta el fondo, aquellas largas rachas de frío y lluvia que por entonces arreciaban con frecuencia, podían alargarse sin interrupción más de tres meses. Sus animales contraían resfriados y otras enfermedades, debiendo permanecer en el establo, sin salir a pastar y agotando las escasas provisiones de heno en los pajares, lo que terminaba provocando graves penurias a animales y humanos.

\* \* \*

En esta mitad de centuria, la montaña del Torcal se encuentra en manos de nueve propietarios. Mas solo tres de ellos detentan el dominio y control sobre la práctica totalidad de su superficie. Tres familias de poder que se reparten las grandes porciones del pastel, territorio donde sus profusos rebaños ganaderos se dispersan en busca de los más suculentos pastizales.

Por entonces, cada una de estas sagas de terratenientes poseía dos lotes de tierras, delimitados por lindes bien definidas. Cada lote albergaba dos grandes rebaños.

Al cuidado de aquellas cabañas ovinas, caprinas y de vacas castellanas, se afanaban custodios pastores, cabreros y boyeros. Entre diez y quince de ellos guardaban los animales de los grandes señores, y en época de ordeño, mayor número de pastores se precisaba, dado que esta operación extractiva se realizaba en aquel tiempo a mano. En ello les iba el hato, aunque cortos fuesen la más de las veces los emolumentos percibidos, ora en moneda, ora en especies.

Los hombres de poder quedaron recogidos en actas, escrituras de propiedad y otros registros. Mas poco se escribió sobre las vidas de los humildes pastores, sin cuya callada labor no habrían perdurado los mil saberes transmitidos a través de generaciones acerca de la antigua vida pastoril en la sierra. Son los verdaderos protagonistas de esta historia.

\* \* \*

Pero volvamos a la gran finca del Navazo, en el occidente serrano.
Juan Navazo lucía con orgullo el sobrenombre que los parroquianos de la sierra le otorgaron como si de su apellido se tratase. Junto a su mujer María Parejo y los cinco hijos que trajeron felizmente al mundo, gestionaron la fértil finca agro-ganadera.

Su hija María, heredera de la casona y de las ricas tierras, desposaría con el joven Eugenio Melero. Cuando este ascendió las Escaleruelas, dejando atrás para siempre la casilla homónima donde pasó su niñez, adquirió el firme compromiso de ponerse al frente, como nuevo propietario, convirtiéndose en Eugenio el del Navazo.

Criaría con esmero una sana ganadería de ovejas y vacas. Los dos tipos de cabañas elegidos mayoritariamente para aprovechar, en tiempos contemporáneos, los pastos de esta finca.

Pero lo que mejor supo cuidar siempre Eugenio fue su calidad humana.

—Era una persona muy amistosa, muy buena gente —contaría años más tarde Paco el de la Huerta, que bien lo conoció—, un hombre de orden y muy afable.

\* \* \*

Pasado un tiempo, una pareja de turistas pasea plácida en mitad de la Ruta Amarilla, en el corazón del Torcal. Embelesados por el atractivo paisaje que los envuelve, llevan un buen rato sin ver una sola de las señales que hasta entonces les indicaron el camino. Retroceden, vuelven adelante, atrás... Por más que buscan, no hallan referencia alguna. Dan vueltas, una y otra vez, sobre el mismo sitio.

Uno de ellos se atreve a decir lo que ninguno de los dos quiso pronunciar:

—Me temo que nos hemos perdido.

Está oscureciendo. Comienzan entonces una alocada marcha en línea recta, dejándose llevar por el ancho callejón calizo que a ambos lados los franquea. Pendiente abajo, avanzan con el miedo por el cuerpo.

Al rato, allá a lo lejos logran divisar, al fondo de la larga cañada, una llamativa casita blanca.

—Tal vez allí puedan ayudarnos.

Avanzan esperanzados.

Minutos después, ya de noche, Eugenio abre la puerta.

—Pasad, pasad. Tomad algo calentito. ¿Un vasito de vino?

No es la primera vez que esto ocurre. El bueno de Eugenio está acostumbrado a este tipo de encuentros.

Minutos después, la pareja, ya repuesta y con el estómago caliente, trota en el viejo Land Rover destartalado conducido por el afable ganadero dirección al cuartel de la Guardia Civil de Antequera. En el puesto ya conocen a Eugenio el del Navazo. Trae los turistas que se habían extraviado.

* * *

Al morir padres, un hermano de Eugenio heredó la casa paterna, la Casilla de Las Escaleruelas. Allí nacería el sobrino de Eugenio, el pequeño Juan Manuel Melero. En aquel lugar transcurrirían los primeros años de su vida, en plena sierra, al pie de las laderas rocosas del Torcal.

Los años de niñez de aquel zagal fueron tiempos de hambre en los contornos. Ellos vivirían bien, pues disponían del ganado necesario para poder alimentarse. Eran los años de la posguerra y había por doquier personas pidiendo en cortijos y caseríos algo que echarse a la boca. A su puerta llamaron en numerosas ocasiones, como bien recuerda Juan Manuel, suplicando algo de comida o dinero.

Los cuatreros y los robos de animales proliferaban por entonces. Un buen número de pavos le afanaron a su hermano. Y, al padre, le "ventilaron" dos de sus mejores yeguas sacadas del interior del propio cortijillo. Corrían los años cuarenta. Juan Manuel tendría por entonces unos cuatro o cinco añitos. Aquel par de equinos robados terminó por aparecer en Málaga. Un destino clásico para dar salida a animales robados —como también comprobó en su día el Jorobado de Zapata—. Padre, hombre previsor, hubo suscrito un seguro por la explotación, y la aseguradora se encargó de todo, hasta de la búsqueda de las potrancas. Siguieron el rastro y dieron con su paradero.

Nada más enterarse de la noticia del hallazgo, mi padre —recuerda hoy Juan Manuel— saltó volando hasta el lugar del encuentro. Al final del día lo vimos aparecer por casa con una sonrisa de oreja a oreja, tirando él mismo de sus queridas yeguas. Una de ellas era aún salvaje en el momento de ser "tomada prestada". Sin embargo, ambas llegaron dóciles como perrillos. Los propios cuatreros las habían domado.

—Teníamos una burra para hacer los mandados —cuenta hoy rememorando su niñez. A lomos de aquel asno se desplazaban hasta Antequera para realizar sus compras. Era entonces su único medio de transporte en aquel mundo tan cerrado y aislado. Apenas había únicamente caminos terrizos, y pocos habitantes podían disponer de vehículo. Ir a la cercana ciudad constituía todo un acontecimiento.

Otro recuerdo preciado de aquella niñez serrana era ver a padre "echarle a las yeguas el borrico". Los mulos nacidos de tal mixtura eran muy valorados. Su cría, un buen negocio en un tiempo en que las acémilas prestaban un gran servicio a los hombres y mujeres del campo. En aquel entonces las bestias eran imprescindibles. Años de muchos aprendizajes para aquel niño curioso. Hoy presume con orgullo de sus muchos conocimientos acerca de la cría mular.

Has de saber que diferente es —cuenta con seriedad— el mulo nacido de burra de aquel que parió yegua. Una sencilla técnica nos sacará de dudas —continúa muy pedagógico—: solo necesitas plegar suavemente su oreja sobre el rostro. Si la punta del pabellón le alcanza al párpado del ojo, será de madre yegua. Si llega hasta la parte inferior del ojo, la oreja una *mijilla* más larga, la habrá parido burra. Palabra de mulero antiguo.

Un cálido día de verano, cumplidos los nueve años —la memoria prodigiosa de Juan Manuel lo recuerda como si fuese ayer—, su familia decide agarrar trastos y pertrechos y emprenden camino, abandonando para siempre la querida Casilla de Las Escaleruelas. Se adentran en la histórica Dehesa de Potros. Harán del cortijo Gregorio su nuevo hogar.

Casi un cuarto de siglo vivirán en estos nuevos predios dedicados a la cría de ganado de la más variada índole: yeguas, mulos, vacas castellanas, sin olvidar las nada desdeñosas cabras, amén de sus productivos cochinos de los que aprovechaban hasta las orejas.

Con el paso del tiempo, la modernización llamaría a la puerta alcanzando, también, estos perdidos rincones. Con los ahorros de largos años de sudores, los Melero adquirirían su primer tractor, de aquellos de rueda fina, los de la época, todo un invento que les cambiaría la vida para siempre.

* * *

Por aquellos tiempos, estos predios eran paso obligado de manadas de animales guiados por pastores y yegüeros, mercaderes de bestias. Aquel era el paso de las yeguas.

La manada avanzaba con paso firme. De madrugada, en medio de la noche, había partido desde el sureño pueblo de Almojía. La ruda travesía haría recorrer a la larga yeguada los legendarios Campos de Cámara a lo largo de la antigua vía ganadera del "Cordel de Málaga", realenga que sería erigida a lo largo de la historia como Camino Real. Los cuadrúpedos se habían adueñado de aquellas 45 varas de anchura que ahora recorrían orgullosos.

Los viejos "caminos de sangre" volvían a cumplir, una vez más, la función para la que fueron creados.

Aquel paso lento pero mantenido había transportado a bestias y hombres a lo alto de la sierra. Se encontraban dibujando la línea imaginaria que separa este macizo de la Sierra de Chimeneas, y la enorme comitiva equina hollaba el Puerto de las Escaleruelas, paso obligado en su peregrinar hacia el norte.

Antiguamente, cuando había menos comunicaciones, el acceso hacia el norte desde núcleos sureños como La Joya y La Higuera se hacía a través de las también llamadas *Carihuelas*. Personas y ganados cruzaban sin parar tan destacado puerto de montaña.

—Todas las bestias pasaban por él —recuerdan hoy los lugareños—. Siempre que mirabas había allí gente y animales.

Con las soledades que hoy reinan sobre este lugar, se nos antoja impensable que un día constituyesen paso obligado de hatos y recuas.

El destino deseado de nuestra manada de yeguas se divisaba desde aquel alto: Antequera. La ciudad del llano estaba en feria y ganados

*Allá al fondo se oteaba  la ciudad de Antequera, destino de aquel peregrinar*
*[Foto: A.H.M.A.]*

de diferentes procedencias se veían atraídos por el magnetismo de este atractivo mercado de primavera donde reses, rebaños de ovinas y cabañas de caprino despertaban el interés de los tratantes de bestias. Todas las yeguas de esta manada iban a ser vendidas durante los días venideros. La expectación era inmensa. Años de cuidada crianza invertidos en estos saludables animales que transmitían vitalidad allá por donde pasaban.

El mayoral, líder de la nutrida comitiva, da la orden, y los animales, guiados por los yegüeros, comienzan uno a uno el peligroso descenso por aquel estrecho y sinuoso paso. Aquellos descolgamientos tuvieron que ser espectaculares. El tropel en masa de equinos, relinchos entremezclados con los gritos de los mozos arreando la yeguada. Los golpes secos de los cascos sobre el suelo, piedras disparadas ladera abajo tras las recias pisadas de los animales, chispas fugaces producidas por las metálicas herraduras al rozar las calizas de la vieja trocha, todo ello sumido en una espesa polvareda que creaba bucólica estampa, miles de veces repetida en estas desgastadas montañas del sur peninsular.

Mientras tanto, braceros y campesinos trabajaban duro con las manos y con el sudor de su agrietada frente, arreando mulos y vacas castellanas para arrancar de la tierra la cosecha. Y lo harían por largo tiempo, pues a esta tierra olvidada tardaron una eternidad en arribar las máquinas del campo. Por contra, allende la sierra, en las tierras de la cercana Vega de Antequera ya llevaban tiempo afanando la tierra. Aquella cordillera era frontera entre dos mundos, separando entre sí dos espacios y dos épocas diferentes. La montaña del Torcal había cortado el tiempo. Y este discurría en ambos lados a distintas velocidades. Al sur se vivía, sencillamente, en otra época.

Aún recuerda el Caqui la impresión que le produjo ver por primera vez aquella máquina asombrosa que segaba el cereal. Llegó desde el norte irrumpiendo en Las Ánimas. Después vería aparecer el arado, que arañaba la tierra accionado por un tractor. ¡*La Oli*! Así llamaban los parroquianos a aquella milagrosa máquina de trabajo, que al poco subiría a lomos de la sierra para trabajar en la tierra del Caqui.

Modernidad que tardó en llamar a las puertas de los campesinos del sur del Torcal. Y lo haría tímida y sin prisas, pues hasta 1957 no apareció allá la segadora, como nos recuerda Juan Benítez[39]. Mediando el decenio siguiente le seguiría la trilladora-aventadora, dando un respiro a las bestias, que siempre pisaron fuerte sobre las empedradas eras. El desfile se completó con entonces moderna *Tres en uno*, aquella cosechadora que, ante la atónita mirada de los boquiabiertos campesinos de la sierra, segaba, trillaba y aventaba, saliendo finalmente el ansiado grano, separado ya de la paja.

\* \* \*

La nula formación de las gentes del campo durante los años cincuenta no pasó desapercibida para la especial sensibilidad de un hombre. Bajo su oscura sotana se escondía un corazón transparente, el de aquel Obispo, llamado más tarde a convertirse en Cardenal, que velaría por las almas de Málaga.

---

39.- Benítez, J.A. (2010). *Al Sur del Torcal: un rincón de Andalucía*, Arguval.

Ángel Herrera Oria tuvo la osadía de intentar sacar del analfabetismo a los jóvenes del campo. Aquel jesuita levantaría unas doscientas escuelas rurales, todo ello en tan solo cinco años, los que transcurrieron entre 1954 y 1959[40]. Una de las remotas y olvidadas aldeas en que aquel hombre de Dios puso su ojo benefactor fue el pueblito de La Higuera, al sur del Torcal.

El Obispo se empeñó en construir aquí una escuela. La noticia llegó a oídos de los parroquianos que, entusiasmados, comenzaron a organizarse. Cuando comenzaron las obras, serían ellos los primeros en *arremangarse* para ayudar, aportando cada uno lo que quiso y lo que pudo. Eso fue lo que hizo Manuel Arrabal, conocido como Manuel Higuera, quien cedió el suelo donde se levantaría la edificación —como nos relata Benítez—. De seguido, Los Lucas, diligentes, cimentaron el piso. Aquella cadena humana seguía creciendo. Eran, a fin de cuentas, los hijos de aquel pueblo quienes allí se formarían para construir su futuro.

Todo hijo de vecino arrimó el hombro, ya fuese rascándose el bolsillo y apoquinando, o enfundándose hasta el cuello su mono de peón. Qué buenos recuerdos conserva el vecino Juan Pozo al recordar de niño a sus padres pringados allí en el tajo. Quien tenía una bestia, acarreaba las piedras a lomos de mulo, y quien dominaba la albañilería, ya estaba levantando un muro o un pilar.

Aquella escuela la construyeron los propios vecinos. Juntos, todos a una, con su trabajo, sudor y dinero, en una época en que el Estado no llegaba a todos los rincones.

Un día, apareció por el pueblo una monjita. Aquella joven religiosa estaba dispuesta a desempeñar su vocación, y lo haría en aquel rincón apartado del mundo, muy lejos de cualquier parte. Se llamaba Isabel Molina. Vino a enseñar, y bien que lo consiguió. Los que fuesen entonces sus pupilos, los "niños de la monja", le están hoy sobradamente agradecidos.

—Lo poco que sabemos se lo debemos a ella.

—Solo volvía a casa por Navidad, o en las vacaciones de verano —añade otro vecino, Alonso Martín.

---

40.- García, F. (1989). *Escuelas rurales. Patronato Mixto de Educación Primaria. Obispado de Málaga.* Redined: Red de Información Educativa. https://redined.mecd.gob.es/xmlui/handle/11162/90512.

Con el tiempo, la hermana Isabel decidió colgar los hábitos. Mas su humanismo nunca la abandonó y continuó realizando aquella labor.

Arrancaba el día la maestra de pueblo recibiendo a la salvaje tropilla, más de cien niños y niñas en amplio abanico de edades. Todos ellos enlatados en una misma aula, lo que convertiría en misión harto difícil la labor de aquella joven maestra todoterreno.

Llegada la tarde, era el turno de las mozuelas más mayorcitas. Aquellos asientos nunca se enfriaban, pues una vez se echaba la noche, allá que irrumpían los zagales más grandes, que habían estado trabajando en el campo durante las horas de luz.

—Aquellas criaturitas llegaban a la escuela alumbrándose con un quinqué y un carburo —recuerda Alonso.

La pobre echaba más horas que un reloj.

En su mente, aquella maestra de Dios ideó una hábil estrategia. Utilizar el juego para engatusar al disperso chiquillerío: fútbol, ajedrez o el juego de damas atraerían su atención, despertando así aquellos intelectos dormidos.

Cuentan que su padre ejerció como fiscal durante el gobierno de Franco y que, al morir este, gran hacienda legó a sus descendientes. Entre ellos a Isabel, que no dudó en "invertir" toda su parte en la compra de cientos de juegos y materiales didácticos para "sus niños".

Con la música también se atrevió aquella mujer tenaz, convirtiéndola en fiel aliada de su cruzada educativa. Sobre cada manita infantil colocó con delicadeza un instrumento. La música amansaría las pequeñas fierecillas, y bien que lo logró, despertando en ellas la sensibilidad aletargada, y abriendo sus corazones y mentes hacia el difícil mundo adulto que les esperaba. Ese fue el legado de aquella querida maestra.

# 14

## DE TROVADORES Y VERDIALES

Tal vez sea por la libertad que en la sierra se respira, o quizá por el profundo respeto a la tradición, en esta tierra del sur del Torcal hubo y hay gentes con una cualidad excepcional. Saben cantar y recitar sonoras glosas.

Nos encontramos, años atrás, en el Cerro del Espartal. Pepe el Malagueño trabaja duro trillando sobre la era de sus amos. Mientras el matrimonio propietario duerme a pierna suelta, él arrea, sudando, los mulos viejos que hacen harto fatigosa la faena. Los muy aprovechados le han encomendado, además, el cuidado de su niño pequeño. Bracero y niñera, todo en uno. Con la ira hirviendo por sus venas, y harto ya de tanto abuso, le sale del alma una cancioncilla con que da rienda suelta a sus demonios.

Del único modo en que sabe decir las cosas, cantando, comienza a improvisar, a voz en grito y sin pelo alguno en la lengua, una coplilla sarcástica. Firma así para siempre su despido de tan odiosa pila de humillaciones. Alonso Martín, que conoció aquella historia, recoge su letrilla[41].

*Tú te llevas vida de Don Pepe*
*yo la he llevado de Pepillo*
*que le den por culo al trillo*
*a los mulos y a su amo*
*a su mujer y al chiquillo*

Cuentan que, al Malagueño, en cualquier momento le saltaban las coplas, como recuerda Alonso. Era un maestro en el difícil arte del *repentismo* o canto de improviso.

---

41.- Martín, A. (1989). *Raíces y Costumbres verdialeras*. Autoedición.

Una noche, y sin esperarlo, se vio siendo testigo furtivo de las secretas aventuras amorosas de un vecino. Al día siguiente —relata Alonso—, en plena celebración de las fiestas locales, y abusando sin pudor de la impunidad que le otorgaba la frescura del cante en tales eventos, sorprendió a los vecinos entonando descarado, a los cuatro vientos, improvisada coplilla que relataba hasta el más oscuro detalle de aquella subidita escena que la noche de vísperas, y a hurtadillas, el Malagueño boquiabierto presenció.

El sorprendido protagonista de la historia se veía, de repente, inerme y sin palabras, en el meollo de un vergonzoso escenario que ni en sus peores pesadillas hubiese vivido. Pues a este cantaor nadie le igualaba en aquel ingenioso arte de improvisar acertadas y desvergonzadas letras con rotunda frescura y desparpajo.

Las pobres suegras tampoco escaparían, como no podía ser de otro modo, a la mordaz lengua viperina y sarcástica de este desenfadado poeta sin remedio.

Y es que en este lugar de la sierra nació todo un universo de repentistas, poetas y troveros endemoniados que cargaban con dardo envenenado sus rimas improvisadas. *Levantacoplas* que al pronto te construían de la nada una "relación", un relato en rima, con sorna y mordacidad, del más corriente de los sucesos en la vida cotidiana de la comunidad, desde el secreto a gritos de una *noviería* hasta el más vergonzoso apuro de inocente parroquiano que se le terciase desvelar. Así se las gastaban por aquí.

Otro de aquellos lumbreras fue el Cajetas. Desde el pueblito de Los Nogales brilló con luz propia. "Figura de la Trova" —como lo llamaba Alonso Martín—, en segundos te inventaba una historia, entre irónica y mordaz, al ritmo musical de los instrumentos acompañantes.

—¿La queréis en quintillas o en décima espinela?

No había tema ni historia que se le resistiese.

Poetas que llegaron a competir entre sí de manera muy reñida. En el "Concurso Anual de Letras del sur del Torcal", que ha celebrado más de treinta ediciones, se enfrentan a pecho descubierto los más expertos troveros de esta tierra, hasta veinte creadores, con sus mejores coplillas.

Con temática inspirada en la amada Ermita de Jeva y en su tradición religiosa. Letras para una espiritualidad arraigada en la sierra.

El trovero Francisco Ruiz se enamoró de esta montaña y glosó hermosas letras acerca de las cabras salvajes enriscadas en las peñas, las águilas y los buitres del Torcal. Coplillas cantando a las aguas cantarinas del Nacimiento de la Villa que brotasen de las entrañas de la cordillera.

Rica tradición oral. Verso improvisado y poesía cantada de antiguo que pervive hoy en estas viejas tierras serranas.

* * *

En estos confines meridionales, grupos de mujeres y hombres revive una vieja danza que se remonta a tiempos inmemoriales. Se trata de los Verdiales. Sones antiquísimos de compás ligero se van sucediendo rítmicamente al compás de un violín que conduce la música hasta cadencias endiabladamente aceleradas, ansiando tal vez alcanzar la promesa de felicidad que llega con la nueva estación. La primavera volverá a renovar un año más la vida en estas montañosas tierras sureñas. Trovadores que cantan al pie de estas peñas la alegría de vivir.

Es el Día de los Santos Inocentes, un 28 de diciembre de 1954. El pequeño Alonso, con tan solo cinco añitos, se encuentra con sus padres inmerso en plena fiesta[42]. Se celebra el Día de Jeva y la animación es máxima. Disfrutan escuchando a "Los Tontos", como llaman por entonces a las pandas. Con sus ojos embelesados, Alonso observa la agrupación que en ese momento canta y baila fogosamente ante él.

Por un instante se suelta de la mano y desaparece. Cuando al poco lo divisan a lo lejos, el renacuajo está dando brincos en medio de la fiesta, uno más entre los exaltados danzantes, esmerándose como el que más en darlos al compás adecuado.

Así comienza la historia de Alonso con los Verdiales.

—A los catorce años soñaba con tener una guitarra —recuerda emocionado—. Pero también pedía a mis padres poder visitar la Feria de Antequera, todo un disfrute.

---

42.- Martín, A. (1989). *Raíces y Costumbres verdialeras.* Autoedición.

Como la economía familiar no estaba muy boyante, debía elegir: feria o guitarra, las dos no eran posible. Y me incliné por esta última. Al poco ya daba mis primeros pinitos, rasgando las cuerdas al son de los Verdiales. El verdial es un alegre fandango, el más antiguo que se conoce. El padre de los cantes de Málaga —como lo llama Alonso— evolucionó en perfección, pero conserva su antigua pureza. Hay quienes le adivinan connotaciones moriscas. En el no muy lejano pueblo de Comares —cuna de una de las variedades de verdial— quedaron arraigadas familias "morunas" hasta años después de la conquista de los Reyes Católicos. La musicalidad emitida por el laúd y el violín bien recuerdan aquella tradición árabe.

Pero Alonso discrepa: "Quítale el violín y desaparecerá toda semejanza". Y es que en este mundillo se produce un apasionante debate, lo que enriquece aún más estos viejos saberes.

Es lo que ocurre al estilo Almogía —otro de los tres estilos de verdiales—: sin violín, las solas guitarras fueron mucho tiempo sus únicos instrumentos de cuerda, y su fino punteo constituía el pistoletazo de salida de la canción. Sin embargo, los instrumentos que hoy protagonizan esta música son por derecho propio el pandero, los palillos y el almirez. El sonido de cuerda lo aportó una primera guitarra de cuatro cuerdas, que evolucionó hasta la actual.

Pero a Juan Breva, popular cantaor veleño, aquella música se le antojaba endiablada y, como señala Alonso, la conduciría a un ritmo más lento y aflamencado, el *abandolao*.

El verdial acompañó los bautizos. Y también llegó a amenizar aquellas bodas llamadas "de carne" que duraban tres días. No había mejor compañía para la celebración en aquellas noches de invierno.

Como cuenta Benítez[43], también el verdial estaba presente en las *cencerrás*. Aquel alambre del que pendían las cencerras ordenadas era el protagonista. Se tiraban los vecinos toda la noche dando carreras y haciendo sonar sus ruidosos instrumentos a la puerta de aquel viudo a quien aquella noche habían sorprendido retomando su vida sentimental en casa de un nuevo amor. Osadía parroquiana a golpe de verdial. La víctima debía abrir la puerta y pasar la vergüenza ante todos si quería que finalizase

---

43.- Benítez, J.A. (2010). *Al Sur del Torcal: un rincón de Andalucía*. Arguval.

aquella "ceremonia". De lo contrario, le esperaban hasta tres noches de *cencerrás* sin pegar ojo.

En ocasiones competían las pandas por hacer el mejor "baile de bandera". Se producía una "lucha de fiesta". Y al finalizar aquel cante, el bailaor hacía la señal de la cruz con la bandera. Todo aquello se tomaba muy en serio por aquel entonces. Había partidarios a muerte de su panda. En alguna ocasión, tras salir vencedora una de las agrupaciones, los vencidos podían incluso llegar a las manos hasta el punto de organizar una verdadera batalla campal, como recuerda, muy grave, Alonso[44].

Y es que el origen de los choques o luchas de fiesta está en un enfrentamiento entre instrumentos, una lucha musical, sin que intervenga cante ni baile alguno. Vencerá aquella panda que logre mantener el compás. Cuando los alcaldes respectivos crucen sus varas de mando, se desencadenará el duelo y ya no habrá marcha atrás: de un ritmo normal se irá acelerando hasta ir alcanzando velocidades de infarto. Y será el violín quien marque el ritmo, al que todos deberán seguir sin perder la cadencia. Cada panda lleva su compás, y aquel fiestero que no anduviese bien de oído puede irse siguiendo la cadencia de sus contrincantes, hundiendo a todo su equipo al completo.

Acabado el enfrentamiento, se oye el toque de caracol, que anuncia la irrupción de otra panda. Y vuelta a competir.

Este choque entre pandas comenzó con la noble intención de recibirse unas agrupaciones a otras. Y en la sagrada puerta de la ermita eran los "abanderados" quienes cruzaban las banderas en señal de saludo.

Era en este Baile de Bandera cuando se desplegaba la mayor vistosidad.

—Creemos que este baile fue un invento hecho aquí, al sur del Torcal —añade Alonso—. Siempre se cuidó con esmero exquisito la perfección en los movimientos de los pies, y esas pasadas de bandera por la espada del abanderado, casi con la gracia con que el torero da las manoletinas —espeta.

En el atavío de los fiesteros destacaba —y sigue haciéndolo— el sombrerillo de flores utilizado desde muy antiguo. Aunque solo se empleaba en Navidad. Construido sobre un sombrero confeccionado con palmas y

---

44.- Martín, A. (1989). *Raíces y Costumbres verdialeras.* Autoedición.

forrado con tela de colores. Cubriéndolo, flores multicolores se entremezclan con espejitos. Y en su forro interior se oculta con delicadeza una vieja postal con recuerdos de algún amor. Del sombrerillo cuelga un lazo hacia atrás. Y delante, collares, medallas y campanitas navideñas. Es la alegría de la fiesta llevada por montera.

Cuenta Alonso que el origen de los estilos en el verdial surge de manera casual.

—En aquellos tiempos los arrieros en su descanso nocturno se acercaban a las tabernas a escuchar cante —relata—. Procuraban guardarlo en su mente, pero al llegar al pueblo e intentar replicarlo... Aquello era otro cantar. Lo adaptaban a su forma personal y sufría variaciones. Aunque por fortuna aquello terminaba dándole riqueza, creando así la diversidad de estilos que hoy perviven.

La panda "Aires del Torcal", la autóctona y oriunda de estos lares, cuyo alcalde es Alonso, responde al estilo Almogía. El más extenso en territorio, ocupando desde El Torcal hasta Cártama.

—Con un toque más rápido que ninguna, se distingue a distancia por su repique de platillos —añade Alonso. El violín llegó en los años veinte para quedarse, sustituyendo a la guitarra. Y fue tal vez aquí, en Jeva, donde mejores platillos tocaron. Este estilo alcanza en ocasiones una intensidad pasmosa.

Alonso es quien porta el caracol, y con su vara de mando dirige la fiesta. Que no decaiga. Ordena el arranque del violín, del cantaor, y la salida de los danzantes. Y al final de la canción, a su orden todos pararán. Así es como manda él, alcalde y mayordomo de la agrupación.

Hubo un trío de verdialeros inolvidable: Lucas, Pozo y Chano. Eran los punteros en aquel tiempo. Todas las pandas se los rifaban, buscándolos con avidez. Estos hombres hacían un repiqueteo vertiginoso.

—Cuando les bajaban los duendes, emitían sonidos a gloria —así define Alonso la pureza de su cante cuando las musas los tocaban con su halo.

\* \* \*

Y llegó por fin el Día de Jeva.

Cada 25 diciembre, día de Navidad, en la pedanía de La Higuera se celebra una antiquísima tradición: la Romería de Jeva.

Cantan y recitan en esta ermita milenaria interpretando viejas letrillas. Las pandas de verdiales están plantadas a la puerta de la ermita, saludando con sus banderas. Más tarde sacan a la Virgen en volandas, en festiva procesión[45].

Humeante café caliente, buñuelos, mantecados y roscos, copas de aguardiente. Todo bulle de mano en mano, creando un cálido y entrañable ambiente humano y religioso indescriptible.

Todo circula en torno a ella, la Virgen de la Purificación, venerada en la ermita medieval de Jeva. Fiesteros de la comarca y pastorales se reúnen con profunda devoción. A los pies de la ermita medieval, los "festeros" de la comarca y las pastorales la veneran con fervor.

Eran los párrocos quienes, remangándose la sotana, empezaban a organizar las pandas, a base de agrupar a los festeros del lugar. Y, llegado el deseado día de Navidad, arrancaban a andar panda, párroco e instrumentos musicales, tañendo en alegre comitiva y visitando en su peregrinar cortijo por cortijo. Tan dichoso y agradecido se sentía el casero por la jubilosa visita que abría la botella de aguardiente guardada para ocasiones especiales y repartía buñuelos y café a diestro y siniestro. Aquellos comensales quedaban harto satisfechos con tamaña convidada. Aunque los cortijeros deberían también rascarse los bolsillos, donando algunas monedas. Mas aquellos cuartos donados irían destinados en exclusiva al mantenimiento de la ermita. De todo aquello bien se acuerda Alonso[46], uno de los impulsores de la recuperación de esta fiesta que, para pena de todos, había sido abandonada en la década de los sesenta del pasado siglo.

Por aquel entonces, había un *bailaor* muy popular —recuerda—, el Moreno del Lino. Su entrada no podía ser más triunfal. La muchedumbre congregada al calor de la ermita, la Virgen ante su fiel feligresía. De repente, con los sones verdialeros retumbando en el interior del sagrado recinto, hacía su aparición aquel ser. Pareciese como poseído. La Virgen observándolo todo desde su aposento. Los congregados, boquiabiertos

---

45.- "Navidad ancestral en Jeva". (Diciembre de 2019). *Revista Somos.*

46.- Martín, A. (1989). *Raíces y Costumbres verdialeras.* Autoedición.

por tan insólito espectáculo. Allí en medio, el Moreno del Lino, al ritmo de la música, iba avanzando de rodillas, abriéndose camino a un ritmo endiablado por el largo pasillo que cortaba en dos la muchedumbre de asombrados parroquianos.

Así era aquel fiera, protagonista indiscutible de la música y el cante que nacieron en el corazón de esta tierra.

* * *

**P**ero llegaron tiempos difíciles. La emigración obligada, así como el luto por la desaparición de personajes y nombres importantes de la fiesta, clavaron la puntilla a esta celebración. Durante treinta largos años permanecería sumida en el olvido. Hasta que en 1987 se volvió a recuperar, de la mano de la hermandad de Jeva[47]. Y hoy constituye de nuevo un formidable evento.

Ha llegado el día esperado. Más de tres mil personas se encuentran congregadas junto a la ermita. El frío es intenso este 25 de diciembre. Pero no importa, la devoción lo compensa todo. Y si esta no es la suficiente, el resto lo harán los cien kilos de mantecados a repartir, e igual cantidad de rosquillos, calentando con humeante café y anís del peleón para hacer entrar en calor a los feligreses más rezagados[48].

— "Canastero", un culillo de anís, por favor.

La misa se ha celebrado muy temprano. Tras ella, el repique de campanas anuncia que el Día de Jeva ha llegado. Van arribando las pandas. Sus alcaldes se saludan con el cruce de varas, y las bandas harán su saludo con las banderas.

El "caracolero" eleva su instrumento al cielo, e hinchando los pulmones con el gélido aire venido de la sierra, sopla con fuerza la caracola, emitiendo esa penetrante llamada, clamor intemporal para avisar a los congregados de la inminente entrada de las congregaciones de pandas.

Finalizado el acto solemne, la Virgen volverá a su ermita y no saldrá otra vez hasta la Navidad del próximo año. Comienzan entonces a

47.- Aguilar, I. (1 de febrero de 2013). Atlas del Patrimonio Inmaterial de Andalucía. Informe Final. Fase 2. Zona 9. Comarca de Antequera, Málaga. Instituto Andaluz del Patrimonio Histórico. https://hdl.handle.net/11532/332052.

48.- Martín, A. (1989). *Raíces y Costumbres verdialeras.* Autoedición.

cantarse verdiales, que sonarán a música celestial. Y es que tras el culto solemne arranca la parte lúdica. ¡Que empiece la fiesta! Esta va tomando calidez, por mor de los decibelios verdialeros, amén del aguardiente que va animando el cotarro.

—La fiesta se pone buena cuando te tienes que ir —apostilla con sorna Alonso, parafraseando un viejo refrán de los *festeros*.

* * *

En una época y un lugar en que no había salas de fiestas para la juventud, o estas distaban kilómetros y no se disponía de transporte, los mozos y mozas que rondaban entre los quince y veinte años idearon aquí un modo de reunirse para cantar y bailar juntos.

Juan Pozo recuerda cuando era un zagal.

—En cualquier casa, en verano, un grupo de chicos planeaba... —Juan baja la voz como quien va a confesar algo prohibido— avisad a dos o tres amigas, y que ellas avisen a otras más.

Así terminaba citándose una buena mocería.

—Hasta las veinte personas, algunos llegando en mulos.

La noticia de la improvisada fiesta corría como la pólvora. La gente joven estaba deseando ir a una de aquellas fiestas. Las esperaban como agua de mayo.

Su pista de baile, la era de trillar el trigo. Y allí en medio comenzaban todos a bailar "la rueda", una antigua y hermosa tradición conocida también como la Churripampa. El nutrido corro de alegre mocerío cantaba jovial entre palmas en acalorada diversión.

Y comenzaban a darse los encuentros. Uno de los mozuelos del grupo supera su timidez y se arrima a la moza que, de un rato a esta parte, le mira de reojo con escaso disimulo. Le dedicará una coplilla que traía preparada, por si acaso.

—Tú le cantabas a una niña, y si a ella le gustaba la copla, pues ella te sacaba y empezabais a bailar juntos.

Así glosaban los enamorados hermosas coplillas que dejaban encandiladas a las féminas. Como las letras que Juan aún guarda en su memoria, y que fielmente relata:

—"Bonita mata de pelo que lleva la bailaora, con ella se va luciendo y a todo el mundo enamora".

Ella le extendía la mano al mozo, y ambos, cogidos de la mano, arrancaban a bailar en el centro de aquella antigua era. Otra pareja salía a acompañarlos cruzándose entre sí con desparpajo en aquel baile frenético y vibrante, mientras las palmas subían de tono, alargándose la celebración hasta altas horas de la madrugada.

Pero tan peligrosa situación debía ser controlada muy de cerca por las celosas y vigilantes madres de aquellas mocitas que, más viejas y resabiadas, conocían ya el percal. Se situaban estratégicamente, a cierta distancia frente a los festeros, mirando de reojo como el que no está en el ajo, para que no se fueran a *escantillar* y desmadrarse sin control.

El panorama no podía ser más elocuente: el mocerío danzando en medio de la era y aquel puñado de madres alineadas como espectadoras frente al espectáculo, censoras sin perdón de cada movimiento de sus pupilas y de aquellos posibles pretendientes.

Y aquel carrusel de hombres y mujeres cargados de juventud, haciendo la rueda, cantaban a la vida bajo las estrellas en aquella noche de verano, mientras el espacio circular que envolvían era ocupado por parejas danzantes, perpetuando así un rito ancestral de encuentro que se repetía desde tiempo inmemorial.

—Al final, la mayoría de las *novierías* salieron así —apostilla Juan.

José Benítez recoge muy bien aquellos modos antiguos de formalizarse las *novierías*[49].

Han pasado varios días tras el baile y el mozuelo enamorado se persona en casa de su admirada.

—Tengo que conocer a sus padres —se dice a sí mismo con gran nerviosismo—. El chico está "entrando de yerno". ¡Casi nada!

Le ofrecen asiento y el pobre chico, allí en medio, se convierte a su pesar en el foco de atracción, observado por toda la familia. ¡Qué se le va a hacer! Es el trago a pasar si agradar quieres a tus futuros suegros.

Pasado un tiempo volvería el zagal a repetir su visita. Mas solo podía realizar tales encuentros en miércoles y domingos, los días "oficiosos" dedicados a la *entrada de yerno*, ni día antes, ni día después. Así de riguroso se era en esta tierra de tradición.

---

49.- Benítez, J.A. (2010). *Al Sur del Torcal: un rincón de Andalucía*, Arguval.

Aquella relación se alargaría durante unos cinco años, pues las prisas nunca trajeron nada bueno. Había que conocerse bien, con calma. Y entre tanto, asistir juntos a fiestas como San Juan, Santiago o Navidad. Pero nada de irse solos, por el contrario, iban con la "carabina" siempre a todas partes, poniendo distancia entre los amantes. Había que evitar arrimes demasiado comprometidos, pues el diablo tienta cuando bajas la guardia. Aquella acompañante a la fuerza podía ser la propia madre de la novia, o bien algún hermano pequeño, con el encargo bien hecho por parte de suegra, parafraseando a Benítez: "No los vayas a dejar, ¿eh? Tú con ellos a todos sitios".

Habían pasado varios años y la *noviería* de esta pareja estaba más que formalizada.

Llegó el verano. Acabadas las labores de recogida en el campo, era entonces tiempo para menesteres varios. Entre otros, celebrar los casamientos. Era la época en que se concentraban las bodas, como recuerda Benítez. El calendario agrícola era el que marcaba los ritos del año.

Nuestra pareja está formada por Francisca Ávila y Juan Cantarero. Ellos eligieron el invierno. Montados sobre sendos mulos, él con su traje impecable, ella de punta en blanco, se dirigen a tan sagrada ceremonia. Esperan no recibir ninguna de las salpicaduras de barro que las pezuñas de su acémila levantan al andar sobre el carril. Se encaminan hacia el templo, la Capilla Santa María del Cerro, donde se les echará las bendiciones para unirse por siempre en santo matrimonio. Es el 15 de diciembre de 1957.

En aquellas bodas de antaño era común que los novios asistiesen hasta la iglesia montados sobre caballos o mulos muy adornados. Presidían la larga comitiva de invitados, que les seguía con respeto. La iglesia de Villanueva de la Concepción fue el templo elegido por muchas parejas. Mientras los casaderos iban sobre sus cabalgaduras a la altura del Cerro de los Coloraos —allá donde muere La Higuera—, la cola del largo cortejo podía encontrarse aún por La Torre, que distaba un largo trecho.

Ese día tan señalado la gente se enfundaba dentro de elegantes trajes, aunque dentro de sus limitadas posibilidades. Si el camino estaba salpicado de charcos tras una lluvia de invierno, los cascos de mulas y yeguas pisaban sin cuidado, y el barro salía disparado hacia todas partes. Los invitados terminaban en ocasiones llegando a la misa y al banquete salpicados de barro.

Tenían siempre reservado un aparejo más nuevo y elegante con que montar las caballerías en acontecimientos y celebraciones tan especiales. En esta ocasión, la montura de las yeguas y el aparejo de las mulas se decoraban profusamente, colgándoles adornos como espejitos o bordados.

# 15

## LA SAGA DE LOS CULÓN

Pasaron los años y los descendientes de aquel antiguo pastor de bueyes a quien llamaron Sietecuellos siguieron viviendo del ganado en la áspera sierra que los parió.

El nieto de Sietecuellos, Antonio Vegas, es hoy un veterano pastor retirado con más de setenta primaveras en su carnet de identidad.

Antonio "goza" de un apodo que no es fácil de olvidar. Sobrenombre que arrancó con su abuela, pues méritos sobrados portó siempre consigo la buena señora, mal que le pesase. El creador había sido tremendamente generoso con ella, pues nació dotada de una monumental retaguardia que, con el tiempo, no haría por ende más que crecer y crecer. Glúteos considerables que a todas partes "pesadamente" le seguían, mas le garantizaron que allá donde se sentara de mullido cojín siempre gozara. A aquella mujer pegada a generosas posaderas la bautizaron con el merecido apodo de la Culona. La cruz de tan señero apodo la seguirían arrastrando, cual pecado original, sus postreras generaciones.

Los motes son como un designio divino: una vez que te caen en lo alto, ya no puedes quitártelos de encima. Implacable, no perdona ni exceptúa. Solo queda resignarse y llevarlo con la mayor dignidad. Continuarán por los hijos de tus hijos, y así hasta que el recuerdo se pierda en la memoria de las generaciones.

Antonio Vegas, pese a no recibir por herencia tamaño apéndice, no se pudo librar de heredar tan voluptuoso sobrenombre, Antonio el Culón.

Los inicios del pequeño Culón y su tierna andadura como pastor habían arrancado en la Finca Las Fuentes. Allá recuerda que ayudó a sus padres a levantar el chozo donde juntos vivieron en su más tierna infancia.

Los chozos fueron hábitat común de los rudos moradores de la sierra, hombres y mujeres de poca queja y sobrado sacrificio. Hábitats levantados con sus propias manos a base de sólidos muretes de piedra, recubiertos de una techumbre mediante urdimbre vegetal.

Entrados en la segunda mitad del siglo XX, las condiciones irían mejorando, y aquellos pastores comenzarían a recibir humildes casitas de campo, de manos de sus patronos, propietarios de los ganados y pastos que ellos tan celosamente cuidaban. Se iban alcanzando unas condiciones de habitabilidad mínimamente dignas.

En su periplo pastoril, aquella familia siguió saltando de uno a otro de aquellos salpicados enclaves montanos, mientras la madre del pequeño Antonio seguía trayendo al mundo más críos.

Desde aquel chozo de sus inicios, un primer salto lo darían a la Sierra del Torcal. Estableciéronse en la Casilla ganadera de Roete, donde continuó transcurriendo su infancia. Era aquella una construcción que fue levantada por el gran propietario Baldomero Bellido —hará de aquello ya más de medio siglo— para albergar la familia de pastores y su rebaño. Vivienda y corral anexo. Siempre con la candelilla encendida, pues el frío bien que arreciaba entre aquellos endebles tabiques.

Pero la anexa Cueva de Roete, de la que robaba el nombre la cercana casilla ganadera, también estuvo habitada por aquel entonces.

Un humilde cabrero, Paquillo Pérez —narran José María Caro e Isabel Patarra—, hubo arribado desde tierras almerienses, ofreciendo sus servicios a don Baldomero. Este lo alojaría en el interior de aquel secular abrigo, reforzado en piedra y a cubierto bajo la roca madre. Su misión, la guarda y custodia de la cabaña caprina del señor patrón. Contiguo a la oquedad, un alargado corral de piedras, al abrigo de la gran roca protectora, hacía las veces de recinto donde mantenía a resguardo su rebaño durante las oscuras noches.

En las frías e interminables veladas de aquellas oscuras soledades de la sierra comenzaron a producirse una serie de hechos turbadores.

En las crestas de Los Lajares, las altas peñas que se levantaban frente a Roete, llegada la noche, hacía su aparición una presencia. Un fantasma avanzaba lentamente sobre los altos peñascos. Al menos eso era lo que aseguraba la Mosquita, esposa de Paquillo, que juraba y perjuraba verlo noche tras noche allá arriba.

Siguió la pobre mujer presenciando, cada vez más desquiciada, aquellas apabullantes visiones. Dicen que de haber seguido viviendo allí, habría enloquecido. De modo que cogieron petate y manta, y salieron de aquel maldito lugar para no volver jamás.

Era el precio por vivir en lo alto de la sierra, en el interior de una oscura cueva, completamente solos e inmersos en aquellas frías y ventosas noches, al albur de los elementos. La mente jugaba malas pasadas. ¿O tal vez fueran reales aquellas presencias espectrales? Nunca lo sabremos.

O tro de aquellos antiguos hábitats de la sierra fue la cercana Casilla de Juan González Rubio, aquel maestro picapedrero que la construyese con sus manos allá en el siglo XVIII. Reutilizada sucesivamente por postreras generaciones de habitantes de la sierra, sería finalmente ocupada por los últimos pastores que se alojaron en abrigos y cuevas en El Torcal. Entre ellos, el padre de Antonio Culón —como este recuerda orgulloso—, así como Capacha el viejo y el pastor Caro, considerados con admiración por los ganaderos contemporáneos como los pastores con más solera de los últimos tiempos, los "Pata negra" del pastoralismo torcaleño.

\* \* \*

A ntonio el Culón se ausentó largo tiempo cuando fue llamado a filas. Y al regresar, tras servir a la patria, migraría junto a su familia a las cercanías de aquella carismática piedra, la enorme peña con figura humana que yacía sobre la extensa vega desde la noche de los tiempos: la Peña de los Enamorados.

Seguiría emprendiendo esta familia postreras migraciones por distintos enclavados pastoriles. El último de aquellos destinos, donde acabaría asentándose definitivamente, fue la Casilla ganadera de Los Capacha, otro destacado albergue de ganado en El Torcal. Entraba el Culón, de este modo, en la vida de otra de las sagas contemporáneas de honda tradición pastoril de la sierra: la familia de Los Capacha. Estos serían durante décadas los pastores a las órdenes de José Moreno Serrailler, otro de los grandes propietarios ganaderos de la sierra.

Sendas familias, Culón y Capacha, cultivaron durante décadas profunda y sincera relación. Hasta tal punto que estarían llamados a mezclar sus sangres. Y es que tiempo atrás, Antonio había fijado su mirada sobre Carmen, la hija de sus amables vecinos.

Con el tiempo, casáronse, y Culón se integraría en la familia de los Capacha. Comenzaría a apacentar el ganado de Moreno Serrailler. Allá disponían el rebaño en dos partes: preñadas por un lado y vacías por el otro. Unas se encomendaron al Culón, y las otras a Capacha.

En toda su vida pastoril, el hacendoso Culón trabajaría para diversos propietarios. Y es que, a buen pastor, patronos no le faltaban.

La vida da muchas vueltas, y pasados unos años, nuestro protagonista acabaría trabajando de "medianero" con Serrailler. Los antaño amo y pastor terminaron asociándose, para gestionar de manera compartida aquel numeroso y antiguo rebaño que por generaciones se había adaptado como ninguno a las viejas trochas serranas del Torcal. El que ayer fue su amo, hoy era su socio.

Esta pareja veterana, Carmen y Antonio, recuerda hoy con nostalgia su hermosa historia.

En un momento, Antonio se lamenta por una nimia contrariedad que le ha sucedido. Al pronto, salta Carmen con severidad:

—¡De qué te quejas! Parece que ya se te ha olvidado que has pasado necesidad. Recuerda que hace poco has estado viviendo en una choza.

Y es que, cortos de memoria, nos acomodamos pronto a lo bueno, como exigentes niños malcriados.

—¡De vivir en cuevas... a lo delicaditos que nos hemos vuelto! —apostilla Carmen concluyente.

Nada como una mujer a tu lado para ponerte la cabeza en su sitio y los pies en el suelo.

* * *

Multitud fueron las cuevas y abrigos otrora utilizados como vivienda por los pastores, o como refugio para pernoctar al cuidado de su ganado en las soledades de la sierra.

Una de ellas fue la Cueva de la Maceta. Cuenta José María que en ella podían pernoctar hasta cinco pastores. A uno de ellos se le antojó plantar hierbabuena en el entorno, del que sabroso condimento obtenía para sus platos. Hoy, los descendientes de aquellos matojos aún sobreviven, reverdeciendo cada año, e impregnando con su dulce aroma los aires de estas soledades montaraces.

Otro puñado de pastores se alojaba por entonces en aquel otro refugio cercano: la Casa de Juan González Rubio, según llegó a oídos del locuaz José María. En su interior, la roca madre fue tallada para labrar en su seno un alargado lecho. Pudo utilizarse —continúa— como catre para descansar aquellas largas noches, sobre un mullido colchón de heno depositado sobre la dura piedra levemente vaciada. Un corral contiguo alojaba a las ovejas. Con la presencia de lobos en la sierra, era necesario encerrar todas las noches el ganado entre estas cercas de piedra. Dos pequeños cubículos —levantados con lajas verticales sobre las que descansaba otra horizontal, asemejando pequeños dólmenes—, se encontraban estratégicamente situados a ambos lados del enclave ganadero, y pudieron alojar —cuentan— perros de guarda como defensa de las ovejas frente a los temidos depredadores de la noche.

—En tiempos pretéritos, la que se quedaba fuera del corral durante la noche, venían los lobos y la mataban —cuenta José María, refiriéndose a la época en que personajes como su padre, el pastor Caro, o su suegro, el viejo Frasco Patarra, siendo aún zagalillos coexistían con aquellos cánidos salvajes que campaban a sus anchas por la sierra. La niñez de aquellos antiguos pastores coincidió en el tiempo con la época en que fueron desapareciendo progresivamente los depredadores de gran talla, los últimos lobos del Torcal.

El lobo dejó de ser la principal pesadilla de los pastores durante las oscuras noches serranas, pues aquel proscrito salvaje había sido extinguido poco tiempo atrás. El peligro venía ahora de más cerca. La escasez de alimentos arreciaba con fuerza, y no eran pocas las personas que, atenazadas por el hambre, subían a la sierra y "se llevaban los bichos" —en palabras del Caqui—, robando las reses que encontrasen por el camino, simple y llanamente para poder comer.

El viejo Lorenzo el Caqui recuerda muy bien aquellos pastores que pernoctaban en la sierra junto a su rebaño, y aún resuena en su memoria la figura de un apacentador de ganado que, en plena posguerra, allá por los años cuarenta, se guarecía en el Hoyo del Lobo, en un lugar perdido de la Sierra de Chimeneas. Contiguo a la oquedad, construyó un corral de espinos donde resguardaba sus borregas.

Aquel pastor era el Lele.

—Tenía que quedarse a la vera de ellas —exhorta este veterano—. Día y noche velaba por sus ovejas, si no quería perderlas.

—¿Y los ladrones quiénes eran? —le preguntan.

—Pues personas que simplemente tenían mucha más hambre que él.

El Caqui se muestra comprensivo, empatizando con aquellos desgraciados muertos de hambre.

* * *

Pero volviendo a los avatares de los Culón, el padre de Antonio, como este bien recuerda, era muy estricto con sus vástagos. Sumado a su agria personalidad, la mentalidad de la época le otorgaba carácter duro y áspero. Sin embargo, nunca llegaría a levantarles la mano.

—Pegaba cuatro voces —explica— y todo el mundo se le ponía firme.

Si se enfadaba con alguno de los hijos, canalizaba su ira con cualquier objeto que pillase a mano. Al menos se libraban del temido jarabe de palo. Se arrancaba de un tirón la gorra de la cabeza, la lanzaba al suelo con todo su genio, y se ensañaba con todas sus ganas, pisoteándola con las desgastadas suelas de sus botas. En una época colmada de honda carestía y carente de medios, la frustración se acumulaba en aquel padre de familia.

—Mi padre tenía mucho genio, eso sí.

—Todo lo contrario que mi padre —replica su esposa Carmen.

El progenitor de esta, el viejo Capachita, les atizaba sin remilgos a la primera de cambio para imponer disciplina por la fuerza.

La competición por quién padeció un progenitor más "especialito" se vuelve muy reñida en este matrimonio de veteranos pastores.

—Tu padre era muy *chichurroso* —remarca ella.

Exigente hasta la saciedad, el Capachita no dudaba en hacer levantarse a su mujer a media noche para encender la candela y preparar el café a fuego lento, para que estuviese en su punto para el desayuno, amén de freír al calor de la lumbre las rebanadas de pan recién cortadas. Salía la pobre mujer a la intemperie, fría y negra la noche, para echar mano de la leña, acumulada allí afuera, que necesitaría a lo largo del día en el hogar. Y podía darse con un canto en los dientes de encontrar los leños secos, pues de haber caído lluvia o tras el tenue rocío de la madrugada, aquel ramaje húmedo no prendería ni a tiros. Se las veía y deseaba entonces para lograr que el fuego prendiese. Tiempos, en fin, muy duros, de vidas en extremo sacrificadas, donde aquellos padres y abuelos pasaron serios apuros y necesidades.

Papá Culón conoció en su mocedad al amor de su vida en la cercana finca de La Alhajuela. Allá, Manolo el Avión ejercía de pastor para el amo común, el señor Serrailler. Frecuentaba tanto aquel hato que, finalmente, la hija del Avión terminaría aterrizando en los brazos del Culón.

Antiguamente se celebraba con gran asueto una romería dedicada a la Virgen del Torcal donde todo hijo de vecino acudía dispuesto a disfrutar con fervor. Aquel día, la familia Culón acudió al completo al festivo acontecimiento. El retrato familiar inmortalizaba en blanco y negro el feliz día de campo que vivió la familia. El padre, vestido a la antigua usanza, embutido en su camisa blanca impoluta, chaqueta al uso y pantalón ancho, de los que te dan juego, que ya las estrecheces venían solas. A su derecha posaba Antonio, un apuesto mozalbete por aquel entonces, junto a su hermana Isabel. La mujer de Culón, madre abnegada, acunaba en sus brazos al pequeño Manolo. Las hermanas Paqui y Juana, y el novio de esta, completan el lienzo familiar. Antonio el Culón conserva hoy esta instantánea como reliquia en paño.

Aquel rapaz había echado los dientes entre ovejas, y bien pronto aprendió las mañas y destrezas en el arte de cuidar el rebaño. Se convirtió en virtuoso en el "socolado" de las ovejas.

Arte que define muy bien Carmen:

—Consiste en pelarles el jopo a las ovejas.

Y es que entre tanta lana en la cola queda adherida mucha cascarria —la suciedad y excrementos en el lenguaje de los pastores—, y eso atrae multitud de parásitos y enfermedades.

Un momento crucial es durante la primavera, período clave para la productividad del rebaño y de la explotación. La lana rabona supone una dificultad a la hora de *carnearse*, el momento del apareamiento, asunto nada baladí. Así que nada mejor que despejar el camino para que el carnero la pueda *machear*, librándoles de molestos obstáculos en el camino hacia el amor.

Desde tiempo atrás, el también llamado *raboteo* se practicó para el desmoche de los rabos en las corderas recién paridas. Coincidía tal fecha con el menguante de la luna de marzo. Los corderos tampoco se libraban. La técnica seguida por el pastor Paco Puro consistía en medir seis dedos desde el nacimiento de la cola —cuatro dedos en caso de animales jóvenes—. Y allí, en la unión de dos vértebras, comenzaba a girar, cada mano en un sentido, hasta que finalmente sonaba aquel crujido tan característico. Se acababa de descoyuntar la cola. Si esperas para realizarlo hasta abril o mayo, acudirá la mosca a la herida y la infectará. La "mosquera" es tal vez el peor enemigo de las borregas. Ponen sus huevos en la herida y allí se multiplican. Preferible realizarlo en diciembre y enero, palabra de pastor.

Hay lugares donde "si alguien te regala un rabo de cordero es porque te quiere bien"[50].

Hoy se sigue socolando en algunas explotaciones, aunque se recurre a medios más suaves. Se les coloca una gomilla elástica muy apretada, que termina cortando la circulación, y entonces se le seca el jopo y se le cae solo.

Un buen día, el bueno de Antonio Culón bajó a la Casilla de los Capacha, y junto a su buen amigo Manolo, hijo del viejo patriarca, hicieron un mano a mano socolando todas las ovejas del rebaño de su padre. Entre los dos despacharon las cerca de setecientas ovinas en un solo día, todo un récord. Por entonces se le echaba una mano a tu vecino antes que este abriese la boca para pedírtelo.

Aquella práctica de los ganaderos antiguos, el "socolado", prácticamente se ha perdido del manual de los pastores contemporáneos.

---

50.- Martínez, G. (2020). *Un cambio de verdad. Una vuelta al origen en tierra de pastores*, Seix Barral.

# 16

## El hacendado García-Berdoy y su fiel Frasco Patarra

Hablar de la historia ganadera contemporánea en El Torcal es hablar de aquellos grandes propietarios, terratenientes, accionistas, a cuyo cargo trabajaron los pastores sin rebaño ni hacienda. Hombres de poder dueños de tierras serranas y de grandes cantidades de cabezas de ganado. Hombres de poder, en fin, que dirigieron desde sus despachos los designios y destinos del mundo pastoril sobre la Sierra del Torcal.

La de José García-Berdoy es una de esas vidas cuya historia merece ser contada. Sin conocer su singladura no tendríamos una visión completa de la evolución agropecuaria de esta tierra, amén de otros muchos aspectos socio-económicos de la sociedad de la Antequera contemporánea.

Por aquel entonces, el destino de pastores y ganaderos no estaba en sus propias manos, sino en las riendas de los poderes y los poderosos de la época —hoy ocurre lo mismo con los mercados y la globalización, pero esa es otra historia—.

Los García-Berdoy poseyeron tierras, fábricas y ganados. Su abolengo viene de antiguo, pues la historia de la saga se retrotrae varias generaciones atrás. Conozcámosla.

José García-Berdoy Sarmiento se casó con la hija de José Carrera, un exitoso industrial constructor de la fábrica de La Juanona, tal como nos recuerda José Luis Sánchez-Garrido y Reyes[51].

Aquellos enlaces matrimoniales entre familias de buena cuna agrupaban sus ricos patrimonios y lustrosas haciendas. Eso es lo que hizo su descendiente, que unió su vida con Tecla Regel Wolberg. Doña Tecla era

---

51.- Sánchez-Garrido, J. L., y Salazar, M. (2020). *Las últimas mantas de Antequera*, ExLibric.

la hija de aquel químico alemán, Gustavo Regel Dietrich, quien, en los albores del siglo XX, allá por 1900, aterrizó en Antequera y se convirtió en pionero en el proyecto, que tan exitoso resultó, de fabricación de mantas.

Fruto del matrimonio, nació en 1924 nuestro protagonista, José García-Berdoy Regel. De vivir aún entre nosotros, tendría hoy casi los cien años de edad. Contrajo nupcias con Blanca Cerezo de Luna. Empresario inquieto y de gran fortuna, siempre gozó de buena educación y exquisitos modales, un perfecto caballero —destaca Sánchez-Garrido—. Gestionó la fábrica Azucarera Antequerana, fue director de la Caja de Ahorros de Antequera y tuvo a su cargo grandes extensiones de tierras, así como fábricas de lanas, piensos y fertilizantes. Propietario de amplios hatos ganaderos, contó con numeroso personal a su cargo. Entre ellos, un buen puñado de pastores y cuidadores de ganado repartidos por la sierra.

La historia de estos no se explicaría sin el papel de García-Berdoy y del resto de grandes propietarios, cuyo número se contaba con los dedos de una mano.

Recuerdan aquellos pastores que la ganancia no era muy sustanciosa. En algunos casos, percibían solo el "hato", o sea la comida diaria: el pan, aceite, tocino y garbanzos para el día. La llamada "cabañería" en otras tierras.

¿Qué llevó a los hombres de García-Berdoy, Bellido o Serrailler a trabajar década tras década, toda una vida guardando los rebaños de sus amos? ¿Fue lealtad o simple interés? Amor por el oficio o pura necesidad. Sea cual fuere la razón, la realidad es que hicieron posible el mantenimiento de una cabaña ganadera próspera y abundante. Aunque, a decir verdad, tal prosperidad fuese más bien en beneficio de los amos y no de los sufridos trabajadores.

\* \* \*

Un antiguo ventorrillo al pie de las estribaciones sureñas de la sierra sirvió antaño de descanso, parada y fonda para viajeros. Era el Ventorrillo de Clarín.

García-Berdoy adquirió aquel vetusto edificio y lo convirtió en una explotación pastoril. Contaría con vivienda de pastores y establos anexos.

Pronto encomendaría su gestión a un joven zagal que, con el tiempo, terminaría desarrollando larga carrera como pastor de ovejas en El Torcal: Francisco Domínguez, más conocido por todos como Frasco el Patarra. Este sobrenombre ya lo tenía el padre de Frasco, y tal vez el padre de su padre. Cree su pariente José Florido que el abuelo "de chicuelillo andaba muy *espatarraillo*... y por eso le pusieron El Patarra". Y el Patarra se le quedó. Así son los apodos en los pueblos y en la sierra.

La vida resultó allí dura. Con el solo sueldo de Frasco, 25 pesetas, tenía que comer toda la familia. Aunque también practicaron economía de autoabastecimiento, pues animales propios criaron para sí, compensando sus exiguos ingresos.

Toda la familia ayudaba en las labores, incluyendo a los críos más chicos, cada uno en lo que podía.

—¡Allí trabajaba todo Dios! —salta José María, el yerno de Frasco.

—¡Hasta el gato! —apostilla Isabel Patarra entre risas, acordándose de su niñez.

El señorito dispuso unas dependencias contiguas tras el Ventorrillo, erigiendo en ellas una edificación con solera que destinó como su casa de campo familiar.

La "Casa de Señorío", como así la recuerda de niña Isabel, era visitada de cuando en cuando por la mujer del amo. Llegaba esta acompañada de su hermana, que padecía un asma recurrente por el que los médicos le habían recetado el aire limpio de la sierra. Nada más impoluto que los aires frescos del Ventorrillo. Allí, sentada en la era, pasaba largas horas renovando el contenido de sus pulmones.

Aún recuerda la pastora aquella casa de lujo, con ladrillos finos y un cuarto de baño de muy señor mío. "Eso sí que era una casa de señorito", dice hoy con retintín.

—¿Porqué no nos vamos a aquella casa, que es más bonita que esta? —pedía a su madre Isabel de niña.

—¡No, no, que esa es de los señoritos!

Hoy no se conserva, pues un día su tejado se vino abajo. Y es por ahí donde mueren las casas añosas, por sobrada solera que derrochen.

Isabel nunca olvidará una burrita que tuvieron en el ventorrillo. Criada con mimo por la señora en el lejano cortijo de Los Reina, García-Berdoy trasladó al animal para que sirviese en las faenas de campo de los Patarra. El cariño de aquel pollino hacia su dueña pervivió. Cuando paraba a la puerta del Ventorrillo aquel lujoso automóvil, y de él bajaba aquella señora distinguida vistiendo su negro abrigo largo hasta los tobillos —recuerda Isabel—, la burrita empezaba a rebuznar con gran alegría. Ella sacaba del bolsillo un dulce terrón de azúcar para deleite del animal.

—Mejor se amaestra con premios que con castigos —afirma Isabel.

En más de una ocasión, el amo tuvo que llamar a Frasco, porque aquel asno, listo como él solo, tras abandonar a escondidas el Ventorrillo, y trabado de manos, como Frasco lo tenía para que no se alejase mucho, bordeó toda la sierra saltito a saltito, atravesando el vasto encinar hasta alcanzar Los Reina, su hogar de la infancia.

L a fábrica regentada por García-Berdoy era la Azucarera Antequera-na. En ella se obtenía un subproducto resultante del proceso de fabricación del azúcar: el bagazo. Aquella pulpa fibrosa sobrante era llevada directamente hasta el Ventorrillo, donde servía de alimento a las ovejas de Frasco, pues aquí nada se desperdiciaba.

Era Isabel Patarra quien servía en los pesebres aquella dulce pulpa revuelta en melaza, presentada sobre una base de alfalfa, constituyendo todo un manjar de alta fusión que deleitaba de placer los exquisitos paladares de las golosas comensales ovinas.

En sus duros comienzos como pastores, los Patarra no disponían ni tan siquiera de corrales para alojar las borregas. Los improvisaban con los medios que encontraban a mano. Gente de recursos.

Armaban una maraña de pinchudos espinos a modo de denso parapeto envolvente. Y a vigilar que ningún animal saltase afuera atraído por los pastos de la sierra.

*Su rebaño de ovejas fue el bien más preciado en la economía de la familia Patarra. [Foto: El autor]*

—Porque estaban *enmayás* —asevera Isabel.

Debían permanecer en el corral, donde parirían protegidas de depredadores y peligros del exterior.

El calendario del viejo Patarra respondía a dos momentos en la vida del rebaño, cada uno de los cuales transcurría a un lado de la sierra. Aquello motivaba un trasiego continuo del rudo rebaño a través de la montaña.

Llegadas las borregas a un avanzado estado de gravidez, era necesario conducirlas hasta la paridera enclavada en el cálido Ventorrillo.

—Allí hacía mi padre la *parición* —cuenta Isabel.

Pasado un tiempo tras los alumbramientos, se iniciaba de nuevo, ya con los borreguillos creciditos, la vuelta de nuevo allende la sierra, cara norte, hasta La Alhajuela.

Para evitar un largo rodeo, aquel periplo no bordeaba la sierra. Antes bien Frasco echaba mano de la línea recta, que era el camino más corto entre ambos enclaves, aunque resultase, sin lugar a dudas, el tránsito más rematadamente fatigoso. Salvaría cada temporada aquel acusado desnivel, atravesando la Sierra Pelada. De seguido, tras allanar el Hoyo de Canana, efectuaría el brusco descenso por el empinado paso de El Peligro, quizá uno de los rincones mejor bautizados de todos cuantos enriquecen la histórica toponimia de esta sierra.

Llegó un momento en que aquel rebaño realizaba el recorrido por sí solo —sin necesidad de pastor que lo guiase—. Como si de una migración anual se tratase, el instinto de las ovinas rememoraba la arcaica conducta migratoria de sus ancestros, los muflones, que a lo largo de milenios realizaron a través de las montañas sus movimientos cíclicos.

\* \* \*

Por entonces no era posible poner sobre la mesa un plato de comida para cada miembro de la familia.

—Mi madre —cuenta Isabel— picaba un poco de pan, ordeñaba las cabras y hervía la leche...

Aquella sencilla elaboración del migado en leche cocida se convertía para la familia en el más rico manjar. Y del lebrillo, compartido en medio de la mesa, iba cogiendo a brazo extendido, uno a uno, toda la prole. Muchas manos en un plato pronto tocan a rebato. Bocados para saciar —o al menos engañar— la mucha hambre que criaba, trajinando toda una jornada con los ganados, aquella recia familia de pastores serranos.

Isabel rememora el transcurso de un día cualquiera en la vida de su padre:

Frasco el pastor recorre con su rebaño la realenga que atraviesa la encrucijada de caminos de la Boca del Asno, orillando de seguido el alcornocal, hasta alzarse al oteadero desde el que lanza una profunda mirada hacia Las Pedrizas. Allá abajo divisa un caserío de casitas blancas, propiedad hasta tiempos muy recientes de las Marquesas de Cauche, por cuyo uso los habitantes, trabajadores de sus tierras, les pagaban el diezmo en gallinas y en forma de otras especies.

Las antiguas heredades, el Marquesado de Cauche, que en 1687 fuesen concedidas a don Pedro Arrese y Girón, habían traspasado el tiempo, pues tan arcaica relación de pago en diezmos hubo permanecido prácticamente inalterada hasta mediado el siglo pasado.

El poderoso propietario José García-Berdoy hubo llegado a un acuerdo con las marquesas, por el cual sus rebaños tendrían derecho de acceso a las rastrojeras del marquesado, pudiendo forrajearlo a placer. La propiedad se beneficiaría del efecto favorable del diente ovino, al eliminar sobrante vegetal, amén de abonarlo con sus fértiles deyecciones.

Así fue como el bueno de Frasco recibiría de su amo la encomienda de conducir desde el reseco herbazal del Torcal la numerosa cabaña lanar hasta los ricos pastos del marquesado. Allá, en el estío, tras la recogida de la cosecha, aquella tierra prometida les abría generosa sus puertas.

Noches al raso, con un ojo cerrado y otro abierto, sin perder puntal de sus queridas borregas. A la amanecida echaría a andar de vuelta al Ventorrillo, dejando atrás el rebaño, pues de día bien se valían las borregas por sí mismas. Llegado a los establos se arremangaba y, sin apenas descanso, seguía ahora bregando con los animales que habían quedado recluidos. Un trasiego diario de ida y vuelta que marcaba los días de este pastor recio de la vieja escuela, pues los nacimientos y puestas del astro rey fueron siempre su reloj.

Y allá por las postrimerías del estío, volvería el Patarra a conducir de vuelta el rebaño hasta los cálidos establos del Ventorrillo Clarín.

Hoy ya no se hace noche junto al rebaño. Eran otros tiempos, y Frasco fue uno de aquellos últimos pastores estoicos hechos de la misma madera que los espinos de su redil. Pastores de raza. Lo llevaban en la sangre. Lo habían mamado desde niños, en algunos casos literalmente, al nutrirse desde su más tierna infancia de la leche dulzona de las gordas ubres de una cabra nodriza. Auténticos pastores de libro que, tras ser engendrados, rompieron el molde para siempre.

Varios de aquellos pastores cerraron por entonces, para siempre, una época en el modo de hacer pastoralismo sobre la Sierra del Torcal, un estilo que ya no volverá.

En aquella economía de supervivencia de los Patarra, los gorrinos cobraban especial protagonismo. Frasco los crió en plena sierra salvaje.

Recuerda Isabel que padre soltaba los guarros en El Torcal y no volvía a recogerlos hasta vísperas de matanza, allá por noviembre o diciembre, cuando ya su destino estaba escrito, pues tocaba dar buena cuenta de sus magras carnes, criadas durante toda una vida pateando monte agreste. Animales felices que disfrutaron plácidos toda una vida de libertad absoluta. Una montaña para ellos solos.

Habría así embutidos para todo el invierno. Ricos chorizos y morcillas, y tropezones de lomo a los que llaman chicharrones, pues el tocino se dejaba salando para consumirse durante el tiempo de siega y los meses mayores, como bien recuerda Benítez.

Cada día durante los largos inviernos retrepaba Frasco a lo alto de la sierra —recuerda su yerno José María— para complementar el alimento natural mediante piensos a base de trigo y otros nutritivos cereales. A un grito los puercos acudían a sus pies y él depositaba la pitanza al umbral de una oquedad, refugio ideal para la piara gorrina ante las inclemencias del tiempo.

—Les hacía hasta la cama —añade, con sorna, José María—, pues un mullido asiento de henos esparcía Frasco para mayor confort de sus mimados animales.

—Y salían gordos gordos...

El yerno dibuja una sonrisa socarrona en su rostro.

**P**ero si hay un animal que desde antiguo ha tenido larga relación con los moradores de la sierra, ese ha sido la vaca pajuna o castellana. La ayuda que siempre ofreció en los labrantíos, formando yunta para arrastrar el arado, fue trascendental en la supervivencia de los campesinos.

*Vacas pajunas pastan a sus anchas en los praderíos de El Torcal. [Foto: el autor]*

Los Patarra tuvieron su propia yunta de vacas.

Arañaban estas la tierra allá donde el peñascal se lo permitía, pero también donde el amo les dejaba.

Ante lo exiguo de sus ingresos, que no llegaban ni para cuarto y mitad y apenas saciaban aquellas siete bocas que alimentar, el amo García-Berdoy les permitía disponer de animales propios y también labrar parte de sus tierras.

Más tarde, los Patarra se embarcarían en la cría de becerrillos para producción de carne. Urgía hacerse con un semental que inyectara genes fuertes en la pequeña cabaña bovina. Y pusieron el ojo en una raza que despuntaba por entonces, de rápido crecimiento, músculo grueso y grasa bien infiltrada. Adquirieron un gran macho de charolesa, de aspecto saludable y prometedor. Pioneros en una época en que comenzaron a irrumpir por acá estas razas cárnicas bovinas de procedencia extranjera.

Y como la necesidad hace maestros, los Patarra aprendieron a criar y producir sus animales de granja. La familia al completo, hasta lo niños desde que echaban los dientes bregaban con los animales, cada cual en lo que podía según su fuerza y capacidad. Isabel recuerda a su madre cuidando de los pollos y pavos que para las Navidades vendía al vecindario. Las gallinas ponedoras dejaban escondidas sus puestas, rubias o blancas, huevos que también comercializaban. Pervivencia asegurada en aquella modesta explotación familiar a los pies sureños de la Sierra del Torcal.

L a educación no faltaría en casa de los Patarra, y los niños recibieron periódica visita del maestro rural. Una figura que en aquel tiempo sacó de la absoluta ignorancia a una miscelánea de niños criados en la sierra entre borregos y estiércol.

Desde el pueblito de Villanueva del Rosario pedaleaba el maestro, entre jadeos cuesta arriba, para enseñar las cuatro reglas y algo más al puñado de zagales de edades dispares. Igual enseñaba matemáticas que, a renglón seguido, saltaba al catecismo y los diez mandamientos.

—En una única libreta lo escribíamos todo —recuerda Isabel, agradecida a aquel maestro rural, de mucho esfuerzo y poco pan, pues conocido era el dicho que hermanaba hambres con el maestro de escuela.

Llegaba al Ventorrillo de noche, cada dos o tres días, recuerda. Si al acabar las clases estaba diluviando, cosa no infrecuente por entonces, quedaba a dormir en casa, donde se le ofrecía uno de los mejores camastros para su mayor comodidad. A la mañana siguiente, con la brillante luz del día y ya escampado, se iba de nuevo rodando hasta su próxima visita, no sin antes mandarles la tarea a los pupilos.

\* \* \*

A manece un nuevo día... Pero no va a traer nada bueno. De hecho, podríamos llamarlo el día de la ponzoña.

En las cumbres del Torcal, atravesadas las Siete Mesas, se alcanza un lugar desde el cual se divisa el territorio del Navazo: el Puerto del Gato.

Aquí se encuentra ese día Frasco Patarra, sentado *a la recachita* y disfrutando de un almuerzo sobre la hierba fresca. A sus pies carean plácidas sus más de cuatrocientas ovejas recién paridas.

Aun mascando el último bocado, se recuesta de lado el bueno de Frasco dispuesto a reposar la comida, acomodándose sobre su zurrón en aquel mullido lecho. De pronto, bajo sí, advierte una presencia inesperada. Una lengua bífida se mueve apuntando al pastor. Una amenazadora víbora yace en ese momento junto a él. El último ser con quien el bueno de Frasco habría deseado jamás compartir su lecho. Antes siquiera de tener tiempo para reaccionar, la hocicuda bicha lanza una potente mordedura al pastor, que le acierta en la pierna. En caliente y sin pensarlo, Patarra saca presto las tijeras de socolar borregas que lleva encima, y de un corte seco divide al insidioso reptil en dos mitades, que continúan cada una moviéndose como con vida propia.

En fracciones de segundo, por su mente comienzan a desfilar una serie de imágenes que le ayudan a tomar con sangre fría las decisiones y los pasos a seguir para salir de tan apurado entuerto lo menos malparado posible.

Imperativo, dirige una orden a sus animales.

—Les pegó una voz a las ovejas —relata hoy Isabel.

Ante tal mandato, cual disciplinado regimiento que acata marcial la última orden de su superior herido, enfilan ellas solas en ordenada formación, costerón abajo aquella cancha que las conduciría hasta el Ventorrillo, territorio seguro.

Pasada la víbora a mejor vida, y encaminado el rebaño hacia los establos, tocaba ahora ponerse a salvo a sí mismo. Actuar antes de que aquella ponzoña, que acababa de penetrar en su cuerpo y que comenzaba a producirle unos dolores insoportables, se extendiese con celeridad por el torrente sanguíneo, envenenando órganos vitales. Su corazón bombeaba como si no hubiese un mañana. Y tal vez no lo hubiera... si no actuaba de inmediato.

—¡Mala *puñalá* le hubieran *dao* a la bicha esa el día que *nasió*!

Entre blasfemias y maldiciones en arameo, ante las que el mismísimo Lucifer le hubiera excomulgado, como pudo se incorporó. Renqueando comenzó a caminar a paso de tortuga hasta alcanzar el Puerto del Almendro. "De aquí no hay mucho hasta casa", se decía a sí mismo. Pero llegado al final del canchal, el Ventorrillo a un tiro de piedra, no podía continuar.

Comenzó a gritar con todo lo que le daba el alma, pues le iba la vida en ello, con la esperanza de ser oído. Hubo suerte. Sus alaridos llegaron abajo. Los Patarrilla advirtieron que padre estaba en peligro, y comenzaron a correr sierra arriba con la energía que la juventud, y sobre todo el amor, te insuflan.

Lo trajeron en volandas, como rememora su hija Isabel.

—Cuando llegó a mi casa tenía la pierna negra.

De allí, volando al hospital de Antequera.

No había costumbre en el dispensario de atender picaduras de víbora, y nadie daba importancia a aquel hombre vocinglero que llegaba tan alterado porque "un bichito inofensivo" le había picado. ¡Qué exagerado, por Dios!

Al llegar a oídos de la jefa de los sanitarios, esta acudió rauda. Aquella mujer, enfundada en su bata blanca, abrió enérgica las puertas de par en par, clamando: "¿Dónde está mi pastor?"

La voz le sonaba familiar a Frasco. Aquel mundo pequeño era un pañuelo. Se trataba de doña Tecla, esposa de un García-Berdoy, la familia de los amos. Era la encargada sanitaria en el hospital. Casualidades del destino.

Pero nada hay casual en este mundo. Y es que momentos antes, la mujer del pastor, al verse inmersa en tan angustiante situación en medio de aquel tórrido sanatorio, su marido a punto de irse al otro barrio, y sin que nadie les tomase en serio, movió cielo y tierra hasta conseguir que doña Tecla interviniese en aquel trance tan surrealista.

La alemana tomó las riendas.

—Y se lió a pegarle pinchonazos —cuenta hoy, expresiva, su hija Isabel. Las inyecciones revertirían el oscuro pronóstico de aquel cuerpo envenenado.

Frasco, ingenuo, interpeló al doctor:

—¿Por qué no me lo ha chupado? —mientras se señalaba la picadura. Y es que era aquel el proceder habitual de los pastores de la sierra, chupando en la herida de sus ovejas hasta extraer el veneno inyectado.

—Chúpeselo usted.

Fue la seca respuesta que puso punto y final a aquel cómico diálogo.

Isabel bien se acuerda de aquel proceder. En la sierra, cuando la víbora picaba a una oveja, los pastores la pinchaban con instrumento punzante. A continuación, como en el salvaje oeste, procedían sin miramientos:

—Con la boca chupaban el caldo ese —recuerda Isabel—, y lo escupían rápidamente. En un momento, comenzaba a brotar sangre de la herida, lo que indicaba que se había eliminado ya todo el veneno.

—Yo eso lo he visto hacer muchísimas veces —afirma contundente la pastora—, y era así como salvaban al animal —exclama emocionada.

Pero aquí no acababa todo el proceso, quedaba rematar la faena con el toque final. Ni corto ni perezoso, el pastor, poniendo en juego toda su puntería y con idéntica precisión que al lanzar los proyectiles con su honda, se disponía a orinar haciendo diana sobre la herida. Era aquel el toque maestro, y no todos lo hacían con la precisión necesaria. Consideraban que la acidez del pis contrarrestaba los efectos del veneno.

Eran realmente frecuentes los encuentros de las borregas con estos reptiles. Ellas, descuidadas, avanzaban cabizbajas, forrajeando a ras de suelo. Su hocico topaba con aquel ser enroscado, pero ya bien poco daba tiempo a hacer, pues el endemoniado reptil reaccionaba como un resorte, lanzando en fracciones de segundo una certera mordedura sobre el morro de la desdichada ovina.

No eran pocos los pastores que, sin el menor sonrojo, reconocían haber dado un intenso muerdo en los morros a alguno de sus animales. Así era el amor por sus borregas. Rudos modos, en fin, para rudos pastores que, en medio de aquella sierra agreste, nunca entendieron de remilgados escrúpulos en lo tocante a su supervivencia y a la de sus animales.

El tacto les aportaba también buena información sobre el pronóstico de la picadura. Con los dedos irían comprobando al tiento.

—El reborde se ponía duro, duro —describe Isabel—, mientras su interior se tornaba tierno, pues contenía el veneno. Aquello se iba haciendo agua.

—Yo he curado muchas ovejas en la sierra —exhorta orgulloso su marido José María Caro. Para ello siempre llevaban al fondo del zurrón una lezna bien afilada. Tendían a la lanuda paciente sobre el suelo. Bien sujeto el animal, buscaban el reborde rígido alrededor de la picadura. Clavando aquella herramienta punzante, abrían un pequeño orificio para seguidamente comenzar a presionar con los dedos e ir conduciendo la ponzoña hacia el exterior, que goteaba sobre el suelo.

—Si no la punzas, sí que se te muere —finaliza rotundo el pastor.

Al final, tras más de un mes de hospitalización, Frasco, aquel tipo recio que no tenía molde, terminó recuperándose. Desde entonces extremaba las precauciones al máximo, gastando sumo cuidado y poniendo mil ojos cuando se movía por la sierra, pues con dolor había aprendido que en las peñas nunca estás solo.

* * *

Todos los pastores del Torcal han oído hablar de un canelo misterioso cuyo dulce aroma llegaron incluso a oler, pero al que ojo alguno jamás alcanzó descubrir. Árbol imposible de hallar, por más que aquellos expertos hombres de la sierra durante varias generaciones lo rastreasen.

El viejo Patarra trasegó largos años tras él, inmerso en aquel lugar laberíntico donde tan difícil resulta transitar, sin hallar pista alguna.

Y es que abrupta y accidentada como ella sola era la condenada zona de El Cáliz. Lugar agrio y difícil.

—Siempre que por él pasaban las cabras, raro era que no cayese alguna —contó Patarra el viejo a su yerno José María. —Raja sobre raja es aquello —añade este.

Las cabras evitaban adentrarse, y solo muertas de hambre se arriesgaban a retrepar para arrancar un bocado de hierba sobre aquellos peñascos malditos salpicados de mil grietas imposibles.

—Mi padre ha llegado a oler el canelo —comenta Carmen, hija del vecino Capacha. Y desesperado en su búsqueda escudriñó aquí y allá. La curiosidad le mataba. Pero nada de nada, aquello era un maldito misterio.

Hoy, desde la más escondida fisura perdida en los *agrios* de El Cáliz —donde creían situarlo los más viejos del lugar—, espera, tal vez risueño y sin prisa, el viejo canelo, riéndose de todo aquel que toparse con él pretenda.

*El atardecer de siglo coincide con la despedida de algunos de los viejos personajes arraigados en la sierra. [Foto: el autor]*

Acabando el siglo XX, se fue para siempre el Patarra. Con él se cerraba una página de la historia del pastoralismo tradicional en la Sierra del Torcal. Nacido hace una centuria, Frasco Patarra fue uno de los últimos exponentes que practicó aquella antigua forma de hacer pastoreo que nunca jamás apareció en los libros. Aquellos viejos pastores eran los "patanegra" de la sierra, y el viejo Frasco uno de sus más destacaos exponentes.

Los herederos del viejo pastor siguen hoy regentando con orgullo la ganadería lanar con sello propio. Las borregas descendientes de aquel rebaño pionero que con esmerado mimo cuidó el bueno de Frasco siguen traseganado las agrestes soledades serranas, mientras lucen impresas sobre sus lanudos lomos las iniciales —*FD*— de aquel patriarca, Francisco Domínguez.

Un día, los jóvenes zagales Paco y Cristóbal —los Patarrilla—, junto a su vecino y amigo José María Caro, tal vez queriendo sellar aquella fraterna amistad nacida al pie de las montañas, sembraron decididos un puñado de dátiles. Hoy, en la puerta del Ventorrillo, unas palmeras de exótica figura se yerguen hieráticas recordando aquella vieja amistad, forjada en un tiempo que ya nunca volverá.

# 17

## CAPACHITA EL DESTERRADO

Hubo un tiempo en que los pastores trabajaban toda su vida para el patrón. Aquella fidelidad iba al compás de la confianza férrea del amo en su fiel pastor, relación que se prolongaba toda la vida.

El abuelo Capacha fue siempre el fiel pastor de la casa Serrailler, familia antequerana de vieja raigambre, extensas haciendas y nutridos rebaños ganaderos. Sus propiedades se extendían dos preciados enclaves: los Lajares y las Hoyas.

Los predios que le fueron encomendados al pastor para carear el rebaño del señor se extendían envolviendo ampliamente la casa señorial ubicada sobre el Puerto de La Fresneda, paso obligado que conectaba la aldea de Villanueva de Cauche con la antigua carretera de mil curvas hacia Málaga. Todas las tardes volvía Capacha con aquel nutrido rebaño de ovinas tras carear las tierras del señor. Sedientas abrevaban en las diez proverbiales pilas de piedra cargadas de historia que, enlazadas en largo abrevadero, presidían el patio de aquel señorío.

Cada cual carga una cruz en esta vida. Y al Capacha le tocó portar ostensible joroba. Aquella "capacha" con que nació le valió merecido sobrenombre, pues los parroquianos eran aquí finos bautizando a quien más y quien menos. Apodo que heredaron sus descendientes. Mal que les pesara, y a pesar de no salir ya con chepa al costal, los hijos de sus hijos llevarían el halo de aquel apelativo para los restos, demostrando el peso inmisericorde de los apodos familiares.

—A mí no me importa que me digan Capacha…

Exclama hoy Carmen López, la nieta del abuelo Capacha, orgullosa de heredar el sobrenombre de su ancestro.

—Ojalá me lo llamaran cien años.

El hijo del viejo Capacha, el Capachita, heredaría también de su progenitor el oficio de pastor. Nació en el cortijo de la Fresneda, y en aquella finca ganadera tendría su escuela pastoril desde la más tierna infancia.

Tras servir a la patria, no tuvo tiempo ni para dar un "Hola, aquí estoy", pues lo enviaron directamente al frente para luchar en la contienda civil española.

—Y se dejó a mi madre sola con cuatro hijos —cuenta hoy Carmen. Descabezada la familia, y sin sustento alguno, honda necesidad pasarían mujer e hijos. Tras volver de la guerra, una nueva finca comenzó Capachita a guardar por orden expresa de sus amos, los Serrailler. De un salto trasladáronse a La Alhajuela. En esta, su nuevo hogar familiar, disfrutarían del derecho a labranza y cosecha, en provecho propio, de un cachito de terruño. Aquella prole seguiría creciendo en número de vástagos y en hambre.

—Tú la labrarás, solo por ser el guarda de esta tierra.

*La tierra de la Alhajuela siempre contó con abundante acuífero, como demuestran sus añosas pilas. [Foto: el autor]*

Rememora hoy Carmen en voz alta, parafraseando las palabras del señor Serrailler.

Y es que a pesar del genio insufrible que padre siempre arrastró, supo granjearse un trato excelente por parte de los señoritos.

A pesar de las dificultades vividas, los Capacha se saben afortunados pues, aun arrastrando larga familia y pocos recursos, nunca se vieron abocados a habitar cuevas o chamizos, habitáculos que sí conformaron, por contra, las únicas moradas de muchos de sus vecinos, y de gran parte de pastores coetáneos.

* * *

A finales de los años cuarenta del pasado siglo, la feria era un acontecimiento extraordinario. Recién salidos de una guerra sangrante, con pocas diversiones en aquel mundo rural. Unas vidas harto rutinarias donde nunca pasaba nada. Encaminarse hasta la feria de Antequera constituía todo un feliz acontecimiento desde largo tiempo esperado. A los niños se les hacían los ojos chiribitas cuando sus padres les prometían ir a la feria, llena de caballistas, atracciones, tiovivos, golosinas y mil diversiones.

*Por aquellos años la llegada de la feria constituía un acontecimiento la mar de esperado, en especial para los niños. En la imagen, pequeños caballistas en toda su esencia. [Foto: A.H.M.A.]*

Aquel 21 de agosto de 1949 —hace hoy más de setenta años—, el segundo día de la feria, Capachita cogió a los niños mayores y, arreglados con sus mejores galas de domingo, allá que se dirigieron a la ciudad.

Su mujer quedó sola en casa. "Bueno, ya estoy acostumbrada" pensaría. Por aquel entonces, la labor de las mujeres rurales era imprescindible para la supervivencia de la familia, y su carga de trabajo enorme. Benítez relata con detalle[52] la multitud de labores que arrastraban, y los mil recursos para sacar a sus familias adelante:

Aquellas mujeres "hacían pleita para confeccionar sombreros y cestas, escobas y rondeles —antiguos recogedores—", que vendían o entregaban en pago de sus compras.

Cuando los chiquillos se resfriaban, "les curaban los resfriados con un papel de estraza de grandes dimensiones impregnado de aceite de oliva, y un trozo de tela", envolviendo la garganta "para guardar el calor".

Como insecticidas para las moscas, usaban ramitas de retama que colgaban de un clavo de la viga del techo. Con la ramita llena de aquel mosquerío, ellas cogían un saco y, con la velocidad del rayo, lo cerraban alrededor, engullendo en su interior aquel montón de insectos alados.

Para la higiene del hogar fabricaban sus propios jabones caseros, con lo que limpiaban suelos y ropa. Aceite usado, cáustica, restos de cortezas de tocino y ceniza colada eran, enumera Benítez, sus ingredientes. Colocado todo ello en un barreño al fuego, y removiéndolo hasta derretirlo y obtener una masa líquida de buen espesor. Volcado en el interior de un cajón de madera, al día siguiente lo cortarían en tacos bien cuadrados.

El queso casero no escapaba a sus artes. Tras el ordeño de las cabrillas, la leche era colada mediante un paño. En el recipiente se le añadía el cuajo, esperando hasta que la leche cuajara. Con un trozo de caña, el *gachero*, se iba removiendo aquella masa. Con las manos se agrupaba la parte de espesa cuajada, separándola del suero.

Por otro lado, sobre la tabla de trabajo, el *entremijo*, se envolvía la pleita, a modo de banda ancha, que constituiría las paredes que alojarían el queso. Se depositaba la cuajada en el interior de tan artesanal recipiente de pleita. Seguidamente, se presionaba con las manos sobre su superficie, para que fuese soltando el agua. "Se ponía sal por los laterales y doce

---

52.- Benítez, J.A. (2010). *Al Sur del Torcal: un rincón de Andalucía*, Arguval.

horas después se retiraba la pleita de esparto". Y ya estaba listo para su consumo o venta.

* * *

La mujer de Capachita, por entonces embarazada de siete meses, quedó sola y al cuidado de los churumbeles, allá en el cortijo de La Alhajuela. Y al pequeño ser que hasta aquel momento había permanecido feliz en el vientre de su madre, se le ocurrió hacer lo último que esta hubiese deseado en tan preciso momento, salir al mundo. De manera que la pobre mujer, allí sola, rodeada de un puñado de mocosos llorones, en aquella casucha perdida en medio del monte, sin ayuda alguna, se puso de parto sin más, porque así es la vida, imprevisible, caprichosa y oportuna como ella sola.

Imaginémonos, hace setenta años, un parto prematuro —sietemesino— en la propia casa, allí en medio de la nada, con pésimas comunicaciones y totalmente sola.

Entre tanto, nuestro alegre y despreocupado protagonista, ignorante de cuanto en casa en aquel preciso momento acaecía, se divertía como loco junto a sus niños en el jolgorio de la feria.

Cuando, por fin a la atardecida, apareció entrando por la puerta, entre risotadas compartidas con sus enanos, quedó petrificado al encontrarse ante aquel panorama. Todo estaba ya hecho, ella había parido sola. En este tiempo, las mujeres, y muy en especial aquellas que vivían en el entorno serrano, eran recias y duras, supervivientes perfectas en aquel agreste entorno que les tocó vivir.

Hoy, Carmen, aquella niña con ganas de vivir que decidió nacer cuando menos se la esperaba, cuenta la aventura de su familia, aquella saga, la de los Capacha, que hizo su vida en el hato ganadero del viejo cortijo de La Alhajuela.

* * *

A muy poca distancia de casa, una antigua ventilla al pie de la sierra atraía todas las noches al inquieto Capachita, que frecuentaba La Venta de las Angustias un día sí y otro también. Descuidaba la labor de vigilancia de hacienda y ganados que, en la finca de La Alhajuela, su patrón le tenía encomendado.

Alivio para angustias y penas bien que encontró el pastor entre aquellas paredes, pues un amor prohibido le esperaba allí al anochecer.

Y es que el pastor por las noches dejaba descuidadas las faldas de la finca, pues con urgencia le reclamaban otras faldas que, no menos agrestes, su ardiente pasión le saciaban.

En la Venta de Las Angustias, el hombre buscaba tal vez apagar sus propios desconsuelos acudiendo a unos brazos solícitos que, cálidos, lo recibían generosos todas las madrugadas. "Dos puntas tiene el camino y en las dos alguien me aguarda", como reza una antigua canción chilena[53].

Pero la sierra tenía ojos y oídos hasta en el más recóndito de sus laberínticos peñascos. Paradójicamente, en aquellos parajes tan aislados, un chisme corría por los mentideros de la sierra más rápido que la niebla. Antes que la repentina montera cubriese rápidamente la cima de la montaña, ya se había extendido la mala nueva como la pólvora. Y las secretas aventuras amorosas del Capachita pronto dejaron de ser secretas para volar como el viento. Secreto a voces que pronto llegó a oídos del señorito, el señor Serrailler, que conocería de sus correrías nocturnas.

—Tu guarda no guarda… Tu guarda "guarda" a la de la Ventilla.

Era el susurro que trajo el viento de una mala lengua.

El alegre pastor, en lugar de vigilar el ganado, estaba guardando otros menesteres. Ya entonces había muchos chivatos —más que ovejas en la sierra—, y se deseaba obtener los favores del patrón a base de delatar al prójimo.

Serrailler, cargado de ira, puso las cosas en su sitio. Aunque no llegó a despedirlo, sí que decidió, como castigo ejemplar ante tal afrenta, y para alejarlo del foco de sus bajas pasiones, desterrarlo lejos, a otra de sus fincas, Las Angosturas, al pie de la Peña de los Enamorados, la montaña que se erige sobre las planicies de la Vega de Antequera dibujando su enigmático perfil de rostro humano. Así es como Capachita fue desterrado por licencioso. Corría por entonces el año 1950 y su pequeña Carmen, aquella que naciese sin avisar, había cumplido un año de vida.

---

53.- Sepúlveda, L. (1995). *Patagonia exprés*, Tusquets editores.

Allá en Los Enamorados, a las faldas de La Peña, custodiaría la manada de yeguas de su amo. Tal vez así olvidase aquella obsesión que había provocado su perdición. Quizá el nombre del nuevo destino no le ayudase precisamente a borrar de su mente aquel amor prohibido que a la fuerza dejaba atrás. Pero allí aprendería a discernir, de una vez por todas, cuál era el ganado que debía cuidar.

A pesar de las trastadas del Capachita, la relación con su jefe duró toda la vida.

Una época en la que comenzabas a trabajar en un lugar casi de niño, y salías ya de viejo.

—Nacer en la empresa y jubilarse en la empresa —comenta Carmen Capacha—, eso no existe ya.

P ero quiénes eran esta saga de señoritos, quiénes eran los Serrailler.
José Moreno Serrailler fue el padre de Fernando y León, quienes con el tiempo heredaron fortuna y negocios.

Al morir el patriarca, su mujer casaría en segundas nupcias con un notario, y fruto de aquel enlace nació Juan Antonio Jiménez. Este, años después, se uniría a sus hermanastros para, juntos, conformar un equipo que, desde palacio, su casona solariega en pleno centro de Antequera, gestionó aquel rico patrimonio de territorios heredados y de negocios ganaderos y agrarios.

\* \* \*

L a mujer de Capachita trabajó hasta la extenuación. ¿Cómo si no iba a lograr sacar adelante doce hijos? Estos arrimaron el hombro desde muy niños en las tareas del campo, los animales y la casa. Muy igualados anduvieron, pues cinco fueron las hembras y siete los varones. Carmen exclama con severidad cuando oye hoy a alguien quejarse por cualquier minucia:

—Yo le daría los tiempos aquellos, para que probara un poco.

La disciplina sobre aquella tropilla de niños montaraces la impuso su padre. Y bien que la aplicó. A decir verdad, se pasó varios pueblos pues, en consonancia con el estilo de la época, no dudaba en levantar la mano ante cualquier acto de desobediencia de sus vástagos.

—Más duro que el cerote —apostilla su hija Carmen. La sensibilidad no era palabra escrita en su parco diccionario de tapas duras.

Y el instrumento utilizado era variado.

—La mano, la correa, la honda... lo que encartara.

Así lo recuerda Carmen, desde la experiencia de quien lo ha sufrido en sus carnes.

Un día, quizá arrepentido, llegaba Capachita a casa cargado de endrinas que él mismo había recolectado pacientemente de los pinchudos arbustos. Soltaba los pequeños frutillos rodando sobre la mesa comunal, para deleite de los críos, que los saboreaban a carrillos llenos con gran fruición como verdaderas golosinas que eran.

* * *

La "Casilla de Arriba" y la "Casilla de Abajo" —como las denominaban sus propios moradores— no eran rivales. Mas por el contrario, un clima de afecto y sincero aprecio siempre reinó entre ambas familias: los Capacha y los Culón.

Un día, como sucedía siempre cada tres meses, volvieron a divisar a lo lejos a aquel señor montado en bicicleta, que ascendía jadeando, pero con decisión, el camino que alcanzaba la Casilla de Abajo —la de los Capacha—. Montado sobre aquel rústico artefacto con ruedas, había recorrido más de veinte kilómetros tras partir a primera hora de la mañana desde su caita en Villanueva del Rosario. Venía a realizar una labor encomiable, por la que estaba pero que muy mal pagado, como todos los maestros de la época. Corrían los años cincuenta. La figura del maestro rural jugó un papel fundamental en la exigua educación de aquellas criaturas que vivían en medio de las soledades serranas. Debía estar el señor Peláez en muy buena forma física, amén de amar profundamente su profesión.

Él lo hacía como se hace todo cuanto sale del corazón y se hace con verdadera vocación.

Pero el Señor Peláez tenía un vicio. Quién no lo tiene. A fin de cuentas, no era de piedra, sino de carne y hueso. Y es que sentía una más que ligera inclinación por la bebida. Y si achispado llegaba a casa de los Capacha, cuán divertidas serían sus clases. Pero eso sí, era, como recuerda Carmen, "bueno de verdad", recto, y enseñando siempre con suma disciplina.

Por toda la mañana se alargaban las profusas clases del señor Peláez. Y llegada la hora del almuerzo, se sentaba a la mesa rodeado por toda la familia, pues aquel día él era el invitado especial. Se le servía en mantel y con los mejores cubiertos, agradecidos con creces a aquel hombre bueno cuya labor con los rapaces de la casa nunca alcanzarían a corresponder del todo. Sin hacer la digestión, allá que volvía a retrepar a lomos de su desvencijada bicicleta, pues debía evitar le cayera la anochecida —cosa que en invierno acontecía en un plis plas— en el camino de vuelta a casa.

Tres meses después, como un reloj de cuerda, volvería el maestro a la casita de los Capacha y recordaría con todo lujo de detalles —comenta hoy Carmen con gran admiración— los deberes que hubo mandado a cada uno de los críos para aquel largo invierno.

Con sacrificio, tiempo después pudieron asistir los niños al colegio. En Antequera, mal conectada con la sierra en por aquel entonces, algunas de las pequeñas Capachita estuvieron en internado de religiosa orden. El fin de semana era el momento anhelado por aquellos críos que tuvieron que acostumbrarse a permanecer separados de sus padres, mal que les pesase.

Con doce bocas que alimentar, duro fue el trabajo del pater familias, y muchas las horas de faena. Vigilaba durante todo el día el rebaño del señor, y al llegar la noche, subía a lo alto de la sierra para echar las oscuras horas junto a las borregas. Ni bajar a la casilla podía para estar con su familia.

El refugio donde el Capachita pasaría aquellas noches, protegido de las inclemencias del tiempo, fue el interior de la histórica Casilla de Juan González Rubio —aquel picapedrero de tiempos dieciochescos que la levantase como enclave donde ejercer su actividad canteril—.

Con el mayor amor del mundo, los niños más pequeños del hosco pastor, prescindibles en la granja, subían sierra arriba todos los días, hiciese el tiempo que hiciese, para llevar a padre el zurrón relleno con la hogaza de pan, el condumio y las viandas que le matasen el hambre. Sacrificio para aquellos pequeños que, sin levantar un palmo del suelo, ya andurreaban decididos por la sierra. Unidos se sentían seguros en hermandad, pues contaban con la fuerza que otorga el sentirse hermanos de sangre.

Por aquella época, las ovejas vivían y parían en el interior de rústicos corrales de piedra artesanalmente coronados de espinos y aulagas. E incluso pernoctaban a veces en campo abierto, con los consiguientes peligros y bajas, especialmente de recentales indefensos.

Esta precaria situación acabaría para siempre cuando el señor Serrailler, amo de aquel hato ganadero, construyó en los años cuarenta la vivienda de obra donde pudieron alojarse finalmente los Capacha.

La fecha de estreno de aquel nuevo hogar no pudo ser más casual, pues ese mismo día, Carmen, la hija de Capachita, se ponía de parto. Ella tiene grabado a fuego aquel día en su memoria. Hija y casa venían juntas en una misma entrega. El destino no podía ser más generoso con aquella familia de pastores serranos.

El edificio estaba conformado por dos viviendas mellizas, habitadas por sendas familias. Contiguas a cada vivienda, dos corraletas y dos gallineros completaban el conjunto. Una de aquellas familias era la de los Capacha. La otra vivienda la habitaban el guarda Antonio Navarro y su esposa, pues no tenían prole.

Navarro vigilaba celosamente Los Llanitos, amplia planicie que se extendía a las puertas de Los Navazos. En aquel predio, el amo le permitió sembrar labrantío para consumo propio y como alimento de sus propios guarros y gallinas. Continuaría muy de viejo el guarda Navarro vigilando los hatos de la sierra, hasta que ya sus piernas no resistieron más. Momento en que cedió el testigo a su vecino El Culón, depositando la vieja chaqueta de guarda sobre las ya sufridas espaldas de Antonio. De la noche a la mañana, y sin trámite alguno, Culón el pastor pasaba a convertirse en el guarda de aquel sector de la sierra, amén de seguir careando el rebaño encomendado. Dos oficios en uno, y todo por el mismo salario. El cambio no pudo ser más ventajoso para el amo, que ahorraba un sueldo y mantenía cubiertos dos trabajos. Todo ello a costa de las piernas y el sudor del pobre pastor que callaba, pues no eran tiempos de levantar la voz, yéndole el sustento y el de su familia en ello.

El hacendado albergaba un anhelo en su corazón. Deseaba bautizar aquella casilla con el esperanzador nombre de "Nacimiento". Imaginaba convertido aquel predio en una floreciente, fértil y productiva paridera que alojase nutrida cabaña de borregas preñadas, alumbrando numerosos corderos.

Mas no pudo el ingenuo Serrailler estar más equivocado y alejado de la realidad. Sus ensoñaciones caerían pronto como un árbol podrido, pues en aquel preciso enclave reinaba sempiterna una condenada corriente, originando un frío constante que los animales no lograban soportar. Y cuánto menos el pretender convertirlo en maternidad de delicadas ovejas gestantes. El aire del norte mandaba vientos gélidos que se encajonaban adosados contra las Vilaneras, aflorando por aquel lugar.

Así que aquel enclave se dedicó a alojar el rebaño de ovejas "vacías" a cargo del Capachita, mientras al otro lado de la sierra, en La Alhajuela, el pastor Manolo el Avión cuidaría de las gestantes.

La muerte visitaba en ocasiones la granja. Borregos enfermos, partos que acababan en fatal desenlace o animales que morían de viejos protagonizaban, a su pesar, esta parte fundamental del ciclo natural de la vida.

Cuando una oveja moría, Capachita la agarraba de una pata, arrastrando con determinación el cuerpo sin vida del animal hasta una amplia y abierta extensión, a cierta distancia del aprisco. En pocos minutos —todavía conserva Carmen aquella imagen vívida desde su niñez—, acudían al lugar, con hambre de muerte, aquellos grandes pájaros que reinaban sobre los cielos del Torcal.

*La llegada de la muerte era anunciada por los emisarios fúnebres,*
*aquellas grandes carroñeras aladas. [Foto: el autor]*

Llegaban con sus pesados aleteos y aterrizaban en torno al cadáver, que pronto congregaría hasta el medio centenar de buitres. Los leonados acababan en un visto y no visto con la ansiada carne, dejando limpia la carcasa en medio de aquellas soledades serranas. Muchos guaitres —como les llama la gente de la sierra— había en esta tierra agreste. "Una barbaridad", exclama hoy Carmen.

*El buitre leonado se recrea mientras aprovecha hasta el último girón de carne putrefacta de aquella res muerta. [Foto: el autor]*

Con el paso del tiempo, los cambios acaecidos en el campo y la situación económica del momento motivaron que un buen día los grandes propietarios tomasen la decisión de ir desprendiéndose de propiedades y fincas, cortijos y granjas, y rebaños de animales. En unas ocasiones los venderían, y en otras las pondrían en renta a cambio de un justiprecio por su aprovechamiento.

La ocasión la pintan calva. Aquellos pastores que, durante décadas, si no generaciones, fueron fieles servidores de los señoritos, se veían ante la oportunidad de su vida: ahora podrían hacerse con aquellas propiedades. Quiénes cuidarían mejor de aquellas rústicas posesiones que se habían convertido en parte de sus vidas. Pastores y gañanes gozaron de preferencia por parte de los antiguos amos en su adquisición y renta.

Moreno Serrailler vendió al fiel Capachita su gran rebaño de ovejas. Y este arrendaría de su antiguo amo los pastos que tradicionalmente careó su ganado. Terminó adquiriendo también la vivienda donde hubieron hecho su vida —la Casilla de Abajo, como siempre la llamaron ellos—. Ya nunca más seguirían viviendo de prestado. Por fin era suya en propiedad, con todas las de la ley. Ya no había vuelta atrás.

Fenómeno de traspaso en la propiedad de la tierra que siguió repitiéndose por derredor en estas tierras. Es lo que sucedió también con otra familia de pastores, sus vecinos Patarra. Estos comprarían a su dueño, el hacendado José García-Berdoy, el histórico Ventorrillo Clarín con toda su finca al completo.

Como no hay dos sin tres, los Culón tampoco quisieron quedarse atrás, y fueron tan vivos como para adquirir prestos los lotes de pastos que abarcaban desde la linde del Ventorrillo hasta Las Hoyas. A la zaga iría también la familia de pastores Caro, que ingresaron a la saca los predios serranos de la Casilla de los Bidones y el entorno de la Cueva de Roete. Tiempos de cambio y de esperanza.

\* \* \*

Pero la historia da muchas vueltas. Y las transformaciones en el régimen de propiedad y gestión de la tierra en El Torcal imprimirían una nueva vuelta de tuerca. En los años ochenta el gobierno regional fue adquiriendo bocado a bocado aquella sierra, y protegiendo sus lindes para la posteridad. Tras largos años en manos privadas, la hermosa montaña volvía a ser pública, propiedad de todos, como un día lo fue, siglos atrás.

Se encomendó su gestión conservadora a la Consejería andaluza de Medio Ambiente, que decidió mantener el aprovechamiento de sus ricos pastos de montaña, tal como se vino haciendo de manera secular. El ganado seguía siendo imprescindible para el correcto manejo de sus herbazales, pero urgía hacerlo ordenadamente. De tal manera que, periódicamente, se fue convocando pública subasta para el uso pastoril de los lotes de pastos a disposición de pastores y ganados dispuestos a carearlos como Dios manda, con mesura y buena gestión.

Y así fue como a las tradicionales familias pastoriles, como los Capacha o los Culón, se les fue concediendo y renovando a lo largo de unos veinte años el aprovechamiento pastoril de las ricas praderías que, a lomos del Torcal, medraban voluptuosas.

*Los rebaños de ovejas continuaron careando los ricos praderíos de El Torcal, de mano de los tradicionales pastores [Foto: el autor]*

# 18
## LOS DOCE NIÑOS DEL NAVARRETE

La tierra del Navarrete, donde se erige el cortijo homónimo, se atalaya al pie sureste de la Sierra de Chimeneas. Sobre el Camino de la Fuenfría domina, hasta donde la vista alcanza, una vasta extensión frente al abigarrado laberinto de cresterías del Torcal Alto.

Hubo un tiempo en que esta casilla fue el humilde refugio donde moraba un grupo de chiquillos, hermanos que bien pronto, a tierna edad, quedaron huérfanos de padre y madre. Solos en este mundo, se hicieron una piña y supieron so-

*La casilla del Navarrete se atalaya en la montaña sobreviviendo al paso del tiempo [Foto: el autor]*

breponerse a las duras condiciones que allá arriba les tocó vivir. Les llamaban "los doce del Navarrete". Esta es su historia.

Eran los hermanos Estrada Solís, siete chicas y cinco chicos que conformaban aquella variopinta tropilla de dispares estaturas y edades. Entre todos se repartieron las tareas domésticas y el cuidado de la tierra y los animales.

Un día, el drama golpeó a la puerta. Una de las chicas, aquella que hubo heredado el nombre materno, Rosario, tuvo un trágico final. Apareció envenenada. Rumores los hubo de toda índole, pero casi todos coincidían en un extremo: Rosario estaba embarazada y soltera, dos circunstancias que en aquel tiempo te ponían en el punto de mira, foco de rumores y blanco de acusadores dedos que te señalaban inmisericordes. Viéndose en semejante tesitura, desesperada, pudo no encontrar otra salida que quitarse la vida. Quién sabe. Tal vez nunca se conozca la verdadera naturaleza de aquellos hechos.

* * *

Pero la historia de la familia comenzó años atrás. En la finca de La Alhajuela, el guarda Estrada, padre de la saga, vigilaba para el amo las tierras de aquella histórica finca de profunda tradición agro-ganadera. Al morir padre, su mujer, Rosario Solís, decidió dejar atrás aquel lugar para siempre. Se hicieron con una casita al otro extremo de la montaña, El Navarrete, y allá que arrearon con todos los bártulos hasta alcanzar el que sería su nuevo hogar a lomos de la sierra.

—Cuando lo compraron, aquello era todo un erial —cuenta hoy el Caqui, quien durante largos años cultivó una profunda amistad con sus nuevos vecinos. Aquellos hermanos, a pesar de su corta edad, eran muy trabajadores, fuertes y hacendosos: realizaron ellos solos el rompimiento de tierras, y sacaron piedra a cascoporro, que agolparon en enormes majanos.

Varios años después, madre también murió. Aquellos niños quedaron solos en el mundo. Sin embargo, a pesar del vacío por la ausencia parental, o quizá precisamente por ello, siempre cultivaron profundos lazos fraternales. Apego que no decayó, pues nunca dejaron atrás a ninguno de ellos.

Unidos en admirable hermandad, emprendieron el camino hacia su propia prosperidad. Toda una vida les esperaba, y no pensaban desperdiciar ni un segundo en apesadumbradas melancolías.

Frasquito Estrada, el segundo en edad, llevaba en su sangre madera de líder. Enseguida tomó la batuta y se convirtió en el auténtico cabeza de familia.

A la pequeña Carmelita, la benjamina del grupo, sin talla ni fuerzas para las labores del campo, le endosaron de sopetón las tareas domésticas. En las vecinas Pilas de la Eslava, historiadas hasta donde la memoria de los viejos las recuerdan, la laboriosa Carmela debía cada mañana quebrar con un peñón la dura costra de cristal que las frías mañanas de invierno cubría sobre su superficie. Solo así podría lavar en sus gélidas aguas aquellas prendas incrustadas en barro y excrementos que sus once hermanos se enfundaban a diario para faenar el campo y los animales, según cuenta hoy su hijo Pepe Parrón.

Frecuentaba aquel lugar un pastor que a diario careaba su ganado por estos predios. Provenía del otro lado de la sierra, en el corazón adehesado de las tierras de Zapatones,

Aquel vecino, José Parrón —padre—, subía las Escaleruelas guiando el rebaño cuyo paladar anhelaba el verdor de los pastos frescos en lo alto de la montaña. Allá arriba, pronto se fijó en aquella chiquilla del Navarrete, llena de juventud y trabajadora como ninguna. El amor llegó sin pedir permiso.

—Se conocieron y se hicieron novios —cuenta hoy Pepe rememorando con adoración a sus padres.

—Navarrete les dio de comer a todos ellos —recuerda con admiración su vecino el Caqui.

Las cincuenta fanegas de aquella finca fueron siempre muy productivas para todos cuantos a lo largo de su historia se esforzaron por exprimirle el jugo. Tierra de labor que arañaron y sembraron con yuntas, y donde criaron cabras, vacas, ovejas y hasta ponedoras gallinas que, engordadas pateando la agreste sierra, les aportaron al plato rica carne de pollo de monte rebosante de proteínas. Con el tiempo, aquellos hermanos irían abandonando progresivamente el nidal común para hacer nido propio, y todos lo hicieron con suficiente economía para costear el ajuar "a toca teja" y sufragar los altos costes de la boda en unos tiempos en que tal asunto constituía para muchos un lujo inalcanzable.

Frasquito sería el último de los hermanos en abandonar aquel predio. El capitán siempre es el último en dejar el barco. Al cerrar Frasquito la puerta del Navarrete se cerraba, en los albores de los años setenta del pasado siglo, una página en la historia reciente de la vida pastoril y campesina en El Torcal. Atrás quedaba la intensa historia de sudor y trabajo labrada con tesón por aquella joven estirpe de campesinos y pastores: los doce del Navarrete.

* * *

En las inmediaciones del Navarrete, sorteando peñascos por la trocha que asciende hacia el lugar donde se pone el sol, se abre de pronto una oquedad. Sobre ella, una vieja higuera decidió un buen día hincar sus raíces para abrirse paso a duras penas entre las grietas calcáreas. Allí aún se erige a modo de prominente y verde tocado sobre el dintel de la cavidad.

Fue en tiempos donde aún vivía Rosario, madre de aquel chiquillerío, cuando ocurrió esta historia.

Una tarde llegaron dos hombres tirando de un borriquillo. Tenían un habla extraña, extranjera, y su castellano se hacía difícil de entender. Pareciesen árabes o así, según cuentan.

Mapa en mano, preguntaron por la Cueva de la Higuera, a lo que los Estrada no supieron responder, pues desconocían oquedad alguna en la sierra que tuviese tal denominación.

—Por aquí solo conocemos la Cueva del Borrico.

Respondió uno de los hermanos. Y es que utilizaban este abrigo como refugio para albergar el asno que destinaban a las labores de labranza.

Los extraños visitantes preguntaron si aquella cueva lucía una higuera colgando de su techo, a lo que ellos respondieron afirmativamente.

Así fue como los del Navarrete explicaron a los forasteros el camino a seguir para alcanzarla. Eran fechas muy malas, en pleno mes de enero, con un frío helador que traspasaba los huesos hasta el tuétano, lo que sin embargo no amilanó la voluntad de los extranjeros.

Entrada la noche, y al ver que aquellos hombres no bajaban, Frasquito, cabeza pensante de la familia, mandó a uno de los hermanos para ofrecerles su hospitalidad e invitarles a alojarse durante la noche en el pajar contiguo a la vivienda. Era fácil morir congelado si pretendían pernoctar en lo alto de la sierra.

Llegado el emisario a la cueva, los vio recostados sobre los aparejos del borrico, que acomodaban como almohada, dispuestos —como así le explicaron— a pasar allí la noche. Agradeciendo sus ofrecimientos, le aseguraron estar más que acostumbrados a pasar las noches al raso. Así que el chiquillo se despidió, convencido de que allí pernoctarían.

A la mañana siguiente, muertos de curiosidad, los hermanos acudieron raudos a visitar a los misteriosos personajes. Descubrieron, para su asombro, que se habían esfumado como lo hace la niebla en la sierra, de manera repentina.

Ni rastro de ellos. Se adentraron al interior de la covacha y, sorprendidos, descubrieron que bajo el pesebre del pollino emergía del suelo una orza rota, recipiente de arcilla que los misteriosos visitantes habían desenterrado y roto adrede, para extraer un montón de monedas que en su interior dormían. El relieve de estas había impreso su huella en el barro que rellenaba la tinaja, marca que delataba ante los ojos de los atónitos chiquillos el valioso contenido —de dudosa procedencia— que había alojado.

Rebobinaron lo sucedido la noche de vísperas, e imaginaron la película completa de los acontecimientos. Engañado el chiquillo, y tras despedirse de él, a los forasteros les faltó tiempo para finalizar, como una bala, el trabajo para el que vinieron. Desenterraron el botín donde un lejano día lo escondiesen y largáronse como alma que lleva el diablo, emboscados bajo la protección de aquella noche cerrada que les sirvió de cómplice.

Quién sabe desde cuándo descansaba allí tan valioso tesoro. Oculto a la vista de todos, alojado tiempo atrás en el interior de una vasija de barro, bajo un palmo de tierra apelmazada, y en el vientre de la covacha que fuese utilizada durante tantos años por los Estrada. Nunca supieron que allí abajo, a pocos centímetros bajo sus pies, yacía dormida una fortuna que bien les habría cambiado la vida, tornándosela más holgada y con menos penurias.

Nunca se supo más sobre aquel suceso ni sobre aquellos extraños hombres. Nadie antes —ni los más viejos del lugar— había oído hablar jamás acerca de un tesoro oculto en aquellas lides. ¿Cuál pudo ser la procedencia de aquellas monedas enterradas? Tal vez un botín fruto de un robo. Algún golpe perpetrado quizá durante la Guerra Civil o la posguerra. Quién sabe. Nunca se sabrá. Habladurías las hay a miles. Soldados moros, por ejemplo, a las órdenes de Franco camparon en El Torcal tras la ocupación nacional de la sierra. Casualmente, la entonación de aquellos misteriosos hombres invita a crear especulaciones en tal sentido.

Pudieron los ladrones esperar varios años hasta que las aguas volviesen a su cauce, cuando el tupido velo del olvido se extendiese por la sierra, volviendo entonces al escondite para recuperar el fruto de "su trabajo". Especulaciones sin fundamento alguno, pues solo Dios sabe lo que realmente allí pudo ocurrir.

La historia de la Cueva del Borrico, bien la recuerda el Caqui. Al otro lado de la sierra, el pastor Pepe Parrón la relata también con todo lujo de detalles. A fin de cuentas, su madre, aquella niña pequeña, la menor de los doce hermanos del Navarrete, fue una de las criaturas que vivió el episodio de primera mano. Al calor de la lumbre se la contaría a su hijo cientos de veces durante las largas noches del Torcal.

Narraciones de este tipo se atesoran en la memoria de los más veteranos habitantes de la sierra. El pastor José Ligero de La Fuenfría relata la historia de otro tesoro, también desenterrado a hurtadillas, allá en el cercano del Cerro del Águila. Un agujero se abre en su cima, testigo mudo de aquel suceso.

Testimonios, en fin, recogidos inclusive en escritos. Aquellos que nos narran historias sobre robos, botines y tesoros ocultos en El Torcal. Como las que trascribe concienzudamente el montañero Clemente González[54]. Botines escondidos en la sierra, cuyos autores, pasado el tiempo, no recordarían incluso la localización exacta de su escondrijo, quedando allí escondidos para siempre.

Clemente nos narra, por ejemplo, la historia del robo en una importante oficina bancaria: "A mediados del siglo XIX, unos bandidos atracaron una sucursal del Banco de España de Antequera. El robo fue de dos millones y medio de reales (…)". Aquellos bandidos huyeron hasta la Sierra del Torcal, donde escondieron el botín. Posteriormente las autoridades conseguirían darles caza, echando el lazo a los criminales, que terminaron con sus huesos en la cárcel. Sin embargo, el fruto de su pillaje jamás apareció. "Se dice —concluye Clemente— que aún sigue escondido ese tesoro entre las piedras del Torcal".

54.- González, C. (2012). *Lecturas del Torcal de Antequera*, Ediciones del Genal.

# 19

## LA GRAN NEVADA Y EL CARNERO BORRACHO

Aquel día de 1954 nunca se le olvidará al Caqui. La patria había llamado a su puerta y aquel veinteañero no tuvo más remedio que coger su petate para salir disparado a lomos del tren hasta su acuartelamiento en Ronda.

El mismo día de su despedida cayó sobre la sierra un nevazo monumental de los que hacen historia.

La gran nevada del 54 fue un acontecimiento histórico que recuerdan los más veteranos moradores de la sierra, y que llegó a cubrir de blanco toda la geografía

*El joven Caqui sirve a la patria*
*[Foto: autor desconocido]*

española. Acababa de llegar una masa gélida procedente de Siberia.

Aquel dos de febrero, la ladera umbría que se dibujaba frente a la casa, y que apenas veía el sol durante el día, permaneció cubierta bajo el espeso manto níveo durante todo un mes.

Tan intenso meteoro perjudicaba sobremanera al ganado, pues el pasto permaneció largo tiempo bajo la nieve sin que los animales pudiesen acceder al alimento. Ni corto ni perezoso, los padres del Caqui se remangaron y emprendieron la fatigosa tarea de talar sin respiro el denso ramón del chaparral circundante, dejando caer al suelo ramajes cargados de fronda que surtirían de alimento a su ramoneadora cabaña caprina.

*La gran nevada cubrió la sierra de un denso manto níveo. [Foto: el autor]*

Las ovejas, adaptadas de natural a consumir la hierba que brotaba del suelo, fueron quienes más sufrieron, viéndose en la imperiosa necesidad de tornar de hábitos para mordisquear las duras ramas mutiladas de las encinas.

En aquel improvisado suma y sigue que emprendieron ante las nuevas condiciones reinantes, para garantizar a duras penas la supervivencia de su cabaña animal, se resolvió surtir a vacas y bestias de abundante paja en los tenados, las cálidas estancias donde estarían a resguardo, donde dispondrían de alimento a placer.

—¡El invierno es muy duro aquí! —recalca hoy el viejo pastor. Es preciso tener repletitos los *almijares,* como denominaban los árabes a los graneros, esas montañas de alpacas de heno que se levantan a las puertas de la casilla. Echará mano de ellos para alimentar al ganado cuando, por ensalmo, se esfuma el herbaje del monte.

Y si dañino es para los animales el pertinaz aire gélido del invierno en la montaña, cuando se trata ya de duraderos nevazos —cosa más propia de tiempos pasados—, el auxilio del granero se hace imprescindible.

Nieves tan copiosas como aquellas apenas se han producido sobre la sierra en las últimas décadas. En tiempos pretéritos fueron más habituales, produciéndose además con mayor intensidad y permaneciendo por períodos prolongados.

Episodios que bien recuerda Isabel Patarra. Era extremadamente raro —según cuenta— que alguno de aquellos temporales pillara por sorpresa al ganado en lo alto de la sierra. Las ovejas son listas, aunque no lo parezca. El día antes de una nevada o de un gran temporal, cuando ellas barruntaban que algo gordo se aproximaba, se las veía encaminar sus pasos derechitas hacia la seguridad de la granja, y de allí no salían ni a tironazos. Y es que ellas lo olían. Presentían la nieve.

Cuando su padre, el viejo Frasco, las veía allá arriba asomarse, recortando su perfil sobre el puerto, exclamaba: "Va a nevar, va a hacer un frío del carajo, o lo que quiera que sea que están anunciando las borregas".

Mas esta regla tuvo sus excepciones. Una de ellas acaeció mediando los cincuenta del siglo pasado. Isabel comienza a recordarla en voz alta.

—Mi padre se encontraba careando su rebaño al fondo de la Cañada Tosaires, cuyo nombre lo dice todo.

En aquel predio expuesto a mil corrientes hicieron su rápida aparición abundantes copos y fría aguanieve, sorprendiendo al rebaño más allá del Puerto del Almendro. Sin que diese tiempo a decir "Ave María Purísima", una densa capa de nieve inundó el paisaje hasta alcanzar la cintura del pastor. Rasaba en altura el pescuezo de las ovejas, atrapadas por completo entre la nieve.

No había modo humano de evacuar de allá arriba aquellas ovejas atrapadas y ponerlas a resguardo en el establo. La moderna carretera que hoy discurre por el enclave no existía por entonces, y el acceso se hacía campo a través, por unas trochas ganaderas que en aquel momento se encontraban enterradas bajo manto de espesa nieve. Acompañaba a Frasco uno de sus hermanos.

Llevaban varias horas intentando mil maniobras para arrancar al atemorizado rebaño de aquella endiablada trampa, sin avanzar un centímetro. Hasta su perro de carea, un veterano acostumbrado a azuzar a las borregas por los pasos más angostos, estaba acobardado, muerto de frío, hecho una rosca sobre el suelo y sin atreverse a mover una sola patita en medio de aquel temporal infernal, comenta el marido de Isabel, José María.

Tenían que encontrar una solución, y debía ser ya, antes de que el rebaño al completo muriese por congelación.

Como pudieron, abrieron con sus manos un pasillo en la nieve, conminando al rebaño a que lo atravesase. Aunque todo fue en vano. El miedo y el frío las atenazaba.

De pronto, mi tío pegó una voz.

—Píllame el carnero y tráelo para acá —evoca Isabel.

Aquel manso era el líder que conducía al rebaño. Donde iba él, iban todas.

*Aquel día el carnero salvó la vida de todo el rebaño. [Foto: el autor]*

—Y te digo una cosa —añade con gravedad—, por donde se tira una se tiran siete. Si hay un boquete y una de ellas salta al boquete, las que van detrás caen con ella al fondo. Palabra de pastora.

Sin pensárselo dos veces, el tío Patarra sacó del fondo de su zurrón una botella de coñac. Nadie sabe cuán útil puede resultar llevar encima el espirituoso aguardiente para calmar penas en los duros inviernos de la sierra.

Agarró del pescuezo al animal y, ni corto ni perezoso, enchufó la boca de la botella dentro del hocico del sorprendido animal, que notó cómo un líquido ardiente le travesaba directo la garganta.

—Lo cogió y le metió media botella de coñac por el gaznate —ríe José María con todas sus ganas.

Cuando aquel estómago recibió el caño ardiente, cogió calor, y le entró al carnero una clase de ímpetu que le cambió el temple.

—El animal se sacudió —continúa José María—, cogió el pasillo *alante* y vereda abajo arrastró tras de sí todo el rebaño.

Los pastores apenas lograban seguir su ritmo endiablado, pues cogió una velocidad inusitada. Para cuando los hermanos lograron bajar media ladera, las borregas ya habían llegado allí abajo, a los establos del Ventorrillo, y tenían las cabezas embutidas en los pesebres, comiéndose con ansia viva hasta la última brizna de heno.

—Tan ingeniosa solución les salvó la vida —añade con absoluta convicción.

Aquel fue un momento de júbilo inconmensurable para la familia de pastores, pues con tal hazaña lograron salvar su rebaño al completo de una muerte segura. Sin embargo, podemos asegurar, sin ningún equivoco, que el ser más feliz aquel día fue el manso, que por varios días estuvo pletórico y radiante.

—¿Pero tú te crees… emborrachar al carnero…? —se troncha Isabel de la risa.

* * *

En otra ocasión, rondando Isabel sus quince primaveras, otro gran nevazo enterró la granja del Ventorrillo bajo espeso manto blanco.

Esperaban la llegada del rebaño. En breve, el viejo Patarra llegaría con todo el ganado hambriento, bajando la sierra tras carear durante toda la jornada lo más alto de las peñas. Los bidones que servían de comederos se encontraban *enterraitos* en nieve —recuerda—. La joven, muy responsable, deseaba complacer a su padre, que a su llegada encontraría todos los comederos limpios y repletos de alimento. Así que, sin más preámbulos, se remangó hasta los codos y empezó la faena en medio de aquel frío helador que le calaba hasta los huesos.

Llegando el primero de los mansos, estaba ella terminando de rellenar el último de los pesebres.

Requirió aquello una larga faena de trabajo paciente.

—Por fin terminé, ¡gracias a Dios!

Finalizada tan laboriosa tarea, y con el frío congelándole hasta los tuétanos, salió disparada como alma que lleva el diablo hasta el corazón de la casa, al calor de la chimenea. Allá, su madre había prendido la lumbre y colocado unos palos enormes que armaban una candela de lo más cálida.

Fue llegar al lugar y la chiquilla se desplomó fulminada de bruces contra el suelo.

—Cuando desperté, estaba el médico del pueblo, don Manuel, allí a mis pies.

El cambio súbito de temperatura que sufrió su cuerpo, le explicó con paciencia el doctor, debió provocarle un shock. Como un témpano puesto al fuego bruscamente, la pobre chiquilla aquel día casi se sublima directamente en gas.

—Me había congelado, me había metido en la candela y me había descongelado, todo de un tirón.

—La próxima vez —le riñó don Manuel con cariño—, con el cuerpo helado no te metas a la lumbre. Primero introduce pies y manos en agua tibia, y te vas dando masajes, para que la sangre circule.

Aquel día, el corazón joven y sano de Isabel fue el que la salvó de un final fatídico.

—Si no, no me salvo yo de aquella —apostilla totalmente convencida.

# 20
## LOS DÍAS TRÁGICOS

Hubo un tiempo en que El Torcal, y en general las zonas rurales, vivían inmersas en un mundo muy cerrado. Un sentido de la moral y la rectitud casi victorianas llevados al extremo convertían a algunos padres en verdaderos ogros para con sus hijos, y especialmente hacia las féminas, que casi siempre sufrían la peor parte. Alzar la mano estaba a la orden del día.

En las inmediaciones de Los Navazos, allá donde arranca el camino que desciende a la Fuente de la Higuera, una pequeña casita se erige al margen del carril. Allí moraba el Zanqui. Su palabra era ley, y bien que lo sabían sus once vástagos. Los tres varones gozaban de un trato menos severo. Pero las niñas... ¡ay de aquellas ocho pupilas! Para ellas aquello era otro cantar. Sumisión o castigo eran la máxima en el estrecho espacio que se abría entre las obtusas paredes de la Casilla del Zanqui.

Con el paso de los años, aquellas niñas se hicieron mayores. La naturaleza llamó a las puertas de sus corazones.

La primera de las zagalas que llegó un día a casa acompañada de la mano de su recién estrenado novio presenció, llena de pavor, aquella escena. Como si repentinamente se hubiese adueñado de él una ira irrefrenable, y poseído por un desmesurado instinto posesivo, el Zanqui arrancó como toro en el ruedo hacia el "no invitado", y sin mediar palabra la emprendió a golpes con el pobre muchacho, propinándole una monumental paliza "como Dios manda" —según él—, que le quitaría, "de golpe y porrazo" las ganas de merodear a su hija. Maldito el día en que aquel pobre diablo puso sus ojos en la chica e, ingenuo, consideró buena idea hacer una visita al suegro para presentarle sus respetos.

—Toma respetos, niñato —pensaría el déspota.

Malparado y molido a palos salió de allí aquel desventurado día el pobre infeliz.

Este sería tan solo el primero de una serie de pretendientes que corrieron igual suerte, recibiendo similar trato a base de jarabe de palo.

Posesivo y celoso de sus hijas, que no las quería inmersas en turbios amoríos, el infausto del Zanqui iría espantando a los pretendientes, de manera infame, uno a uno.

Quién sabe qué ideas ocupaban la mente de aquel hombre hosco y autoritario. Qué educación habría recibido, qué modelos y experiencias, en fin, edificarían su moral cargada de pecado y castigo inmisericorde. Las desdichadas hijas se convertirían en el blanco de sus tormentos. Iban quedando compuestas y sin novio. Hasta que al final irían optando por escapar de casa, huyendo una a una de aquel endiablado padre para no volver nunca jamás.

\* \* \*

*El Tajo del Espejo fue el dramático escenario del siguiente suceso. [Foto: el autor]*

Pasado un tiempo, mediando los años cincuenta del pasado siglo, sucede el siguiente episodio.

Un pastor que carea su ganado se arrima, desde lo más alto, al borde del precipicio que asoma sobre Tajo del Espejo. Las órbitas de sus ojos se abren como farolas. Allí abajo, en mitad de la pared, una visión horripilante que desearía no haber presenciado jamás.

Justo un mes antes, a los pies del cantil, la puerta del cortijo Zapata se abre en plena noche. El casero sale de la vivienda para orinar antes de irse a dormir. El buen tiempo invita a contemplar el cielo estrellado. En el silencio de la noche, le parece oír una especie de lamentos lejanos. No da importancia al hecho, tal vez se trate de su imaginación.

—Serán seguramente los búhos, ululando como hacen todas las noches —piensa.

El gran duque habita estas paredes, y el casero bien lo sabe, pues lo ha oído cientos de noches.

Pero todo aquello había tenido su inicio un tiempo atrás.

Aquella tarde, un grupo de zagales se citaron para celebrar la *Rueda*. Allí en medio, chicos y chicas se encontrarían para cantar y bailar en corro, celebrando la alegría que la mocedad te imprime en el ánimo.

Entre ellos, Juana Menores, una chica normal y corriente, dotada de una gran sensibilidad.

La fiesta se encontraba en su punto más álgido y la diversión inundaba los corazones de aquellos danzantes en mitad de la noche.

En la excitación del momento, Juana, por descuido, golpeó un botijo que cayó contra el suelo rompiéndose en mil pedazos. Su padre, allí presente, se dirigió hacia ella severo y, sin mediar palabra, le levantó la mano, golpeándola con toda su fuerza como reprimenda por cometer tamaña torpeza.

En aquel preciso momento, en medio de la noche, el corazón de aquella chica debió sentir un enorme dolor, un vacío tan inmenso por el desamor de quien más habría necesitado recibir comprensión. La herida emocional debió multiplicar por mil el dolor del violento manotazo.

La fiesta se alargó hasta rozar la madrugada. Pero hacía ya horas que a Juana nadie la había visto.

La chica no apareció por casa.

—La buscaron por toda la comarca, y ni rastro de ella —recuerdan los vecinos.

Juana había desaparecido, y nadie sabía lo más mínimo acerca de su paradero.

Un mes de calendario después hubo novedades. Pero eran las peores nuevas que se pudiesen haber esperado. Su cadáver apareció colgando sobre un saliente en medio de las verticales paredes junto al Tajo del Espejo. Un pastor la había divisado.

El extraño murmullo lastimero que días atrás oyó el casero de Zapatones no procedía del búho de la sierra.

Los *grajos* que iban y venían mucho —recuerdan hoy los que aquello vivieron— fueron quienes dieron la voz de alarma. Escamado por la insistencia de los cuervos hacia aquel preciso lugar en medio del cantil, aquel lugareño que se asomó desde lo más alto del paredón descubrió allí abajo aquel cuerpo dramáticamente enganchado sobre el vacío.

Posiblemente, la intención de la chica fuese saltar desde el mismísimo Tajo del Espejo, cuya caída a plomo habría garantizado una muerte segura al instante, pero lo hizo más hacia el oeste, donde un saliente interrumpía la verticalidad de la pared. Muchos creen que Juana no murió en el momento, sino que con el golpe quedó malherida, hasta que, posiblemente, días después su alma terminó finalmente saltando para abandonar definitivamente aquel maltrecho cuerpo. Cuando al fin la hallaron, solo quedaban prácticamente los huesos.

—Nadie esperaba que aquella zagala hiciese lo que finalmente hizo —coinciden en afirmar los vecinos.

En aquel mundo tan estricto que a las mujeres le tocó vivir, su mocedad era corta y el peso de la rígida y severa mentalidad de la época, una pesada losa difícil de arrastrar.

Si una zagala peleaba con el novio y cortaban para siempre, ella se convertía a ojos de la parroquia en poco menos que una viuda. Sola, nadie se acercaría a ella. Perdía su valor. A muchas se les cerraba el mundo.

Amores truncados o traicionados también rompieron el corazón a más de una, y en ocasiones no veían otra salida.

Había muchos suicidios aquí en el campo. La toponimia en el sur del Torcal atestigua con sus nombres los lugares de algunos de aquellos luctuosos sucesos, léase el Cerro del Ahorcado o el predio de La Muerte, por ejemplo. La madre de Alonso Martín llegó a sorprender en dos ocasiones a sendas zagalas que, con la lengua fuera, colgaban de una soga alcanzando a salvarles la vida en el último segundo. Si no es por ella, se habrían ido al otro mundo sin tener una segunda oportunidad.

Y no solo en las mujeres se cebó la desesperación de tan difíciles tiempos. Los varones también recurrirían a la soga bien amarrada a un árbol, o bien a la escopeta de caza para acabar con sus vidas.

La ruptura del matrimonio era un drama irresoluble, lo peor de este mundo. Máxime si ella quedaba al frente de un puñado de criaturas que era incapaz de mantener; en el fondo de un profundo hoyo angustioso, sin perspectiva de salida y sin esperanza alguna.

* * *

Andurreaba un buen día Pepe Parrón hijo a la cabeza de su rebaño, atrochando la Cañada Pesquera a la sombra del gran telón del Torcal.

Desde lejos, ve acercarse a un pastor un tanto peculiar. Aunque más bien es el ganado que este conduce lo que llama poderosamente su atención. Animales de roja papada colgante, emplumados de azabache, avanzan desplazándose sobre dos patas.

Aquella negra comitiva de pavos se dirige, a las órdenes de su amo, a la realenga, al rebusco de insectos, lombrices, gusanos... y todo bicho viviente que el hatajo de gallináceas antoje clavar su certero picotazo.

Fue así como el joven Parrón conoció a Pepe Rubio, mucho mayor que él. El Rubio portaba en su zurrón largos años de experiencia como ávido apacentador de ganados en las cumbres del Torcal. Con sus mil historias, al Parrón cautivó.

Años atrás —comenzó a rememorar su nuevo amigo— don José García-Berdoy, el poderoso propietario ganadero, confiaba el cuidado de su vacada por los prados del Torcal en un fiel boyero. Cuando este se hizo viejo, incapaz de pernoctar en la sierra, legó el testigo en su sobrino de sangre, joven y fuerte —el Rubio se refería sin modestia alguna a sí mismo, en sus años de mocedad—.

El Rubio elegiría para refugio en sus largas noches serranas el acogedor abrigo de Juan Ramos, aquel cobijo rocoso que siglos atrás construyese y habitase el maestro picapedrero homónimo. Acudía el vaquero al viejo abrigo al final de cada jornada, durante el misterioso lapso en que la luz mortecina del día se fundía con la noche. A su puerta pacía seguro el nutrido hato de vacas castellanas cuyo cuidado le había sido encomendado.

Ascendiendo hasta las soledades del Puerto de la Hierbabuena, el Rubio echaría muchas noches al raso, dormitando junto al formazo bajo la yedra que allí le protegía en denso emparrado. Sueños y vigilias que pasó en medio de oscuras noches que llegaban acompañadas de fríos, lloviznas y ruidos de mil criaturas. Legítimos invitados todos ellos en el discurrir eterno del inmenso escenario que constituía las cumbres del Torcal. Desde el puerto, vigilaba celosamente el pastor su hato de bóvidos, impidiendo que profanasen los llanos de El Navazo, cargado de tentadoras y prohibidas verdes sembraduras.

Muy de mañana, el pastor arrancaba a andar desde su casucha, La Tosquilla, en las estribaciones norteñas de la vecina Sierra de Las Cabras. Largo trecho le distaba hasta su destino en lo alto del Torcal. Precisaba un día entero, alcanzando sus cumbres iniciada la atardecida. La montaña se convertía entonces en su nuevo hogar durante unos quince días, a lo largo de los cuales haría vida en la cumbre bregando con el hato día y noche.

Finalizado aquel período, volvería a su distante hogar. Mas no lo haría por durante largo período. Antes bien, disponía del tiempo justo para asearse, lavar sus prendas impregnadas con el aroma del ganado y regresar nuevamente a los pastos de la sierra. Y allí vuelta a empezar, perpetuando un ciclo que se acompasaba en profunda armonía con la cadencia de las estaciones, tal y como vinieron haciéndolo desde antaño las generaciones de pastores que le precedieron en estas tierras milenarias.

Fueron aquellos unos fatigosos años de esfuerzo y trabajo. Una época, la que a este pastor tocó vivir, con sus estrecheces, aunque también sus alegrías. El Rubio fue considerado por todos cuantos lo conocieron como un vaquero auténtico, genuinamente diestro en su trabajo.

—¡Bueno bueno de verdad! —exclama hoy el Parrón con sincera admiración.

Un día, el infortunio tocó al Rubio directamente, arrancándole de su seno lo que más quería.

Cuenta Alonso Martín que aquellos dos zagales, hijos únicos en sus respectivas familias, paseaban juntos por la sierra, en el entorno de La Fuenfría, cuando de repente les sorprendió una fuerte tormenta.

—Se achancaron bajo una palma y una piedra para reservarse... y un rayo los mató a los dos. Aquellos pobres chiquillos murieron fulminados en el acto. Eran jóvenes y allí quedó la vida de ellos.

El hijo de María la Chanela y el hijo de Pepe Rubio. Desde entonces, en recuerdo de aquel malhadado día, se conoce al desdichado lugar como el Rayo.

Acontecimientos circunstanciales y sucesos malditos como aquel terminaron bautizando multitud de rincones de esta antigua montaña. Una montaña llena de vida, pero también de muerte.

*Un rincón de triste recuerdo [Foto: el autor]*

Tiempo después, un zagal vecino del lugar protagonizaría, muy a su pesar, una de las más tristes historias de la sierra. Era el pequeño Rafaelillo, hijo de Alfonso Conejo el de la Fuenfría.

Muy de *chicuelo*, con la cándida ignorancia propia de tan inocentes años, halló Rafaelillo, en mitad de la sierra, un extraño objeto que llamó poderosamente su atención. Nunca había visto algo similar. Aquel artilugio habría venido de fuera en el devenir de algún destacado evento no muy lejano en el tiempo, pues objetos así no se hacían por estas lides. A lo largo del camino que le conducía a casa —el cortijo de La Fuenfría—, vino jugando el zagal con su tesoro, dándole golpecitos contra el albardón del aparejo de su asno. Entró en casa. Al ver al crío, su madre se dirigió cariñosamente hacia el pequeño para recibirlo. Rafaelillo dejó caer al suelo su preciado objeto.

Al impacto sobre la losa, el artefacto provocó una explosión cuya onda expansiva terminaría asestando para siempre un daño irreparable a aquella familia, la saga de los Conejo.

La contienda que hubo acaecido pocos años atrás había sembrado la sierra de peligrosos recuerdos, mortíferos también, que esperaban latentes, encerrando aún en su interior el odio y la saña que en su día, al no detonar, no pudieron terminar de infligir.

A resultas de tan violenta deflagración, Rafael perdió una mano. Pero su madre, la buena de María Conejo, se llevaría la peor parte. La explosión le alcanzó el estómago causándole graves secuelas de las que no lograría recuperarse. Pasado un tiempo, María falleció.

A lo largo de los años, Rafael sobrellevó como pudo tan dramática experiencia. Manco, suplió con admirable destreza la ausencia del miembro amputado, trabajando los campos y cuidando los animales en la tierra de La Fuenfría. Pero en su interior llevaría para siempre aquel amargo recuerdo que aconteció un fatídico día a lo largo de su infancia.

# 21

## PACO DE LA HUERTA, GANADERO ILUSTRADO

Uno de los más antiguos linajes conocidos entre los ganaderos de las tierras del Torcal y su entorno resuena con nombre propio. Fue una familia que diseminó descendencia por todo el sur de la sierra, permaneciendo su apellido y su sangre en muchos de los habitantes contemporáneos de estas heredades. Los Corado.

Las praderas ganaderas de esta montaña han estado desde siglos divididas en lotes de pastos. La mayor parte del territorio serrano llegó a encontrarse en manos de un reducido número de grandes propietarios —podríamos contarlos con los dedos de una mano—, que atesoraban grandes extensiones en sus lotes particulares. Uno de aquellos señores del ganado fue el viejo Francisco Corado Martín.

Las generaciones se suceden, pero los genes permanecen en la tierra. La hija del pionero Corado puso sus ojos en uno de los vástagos varones de la vecina familia de la Huerta Solana, aquellos predios vecinos que desde su terruño divisaban sierra abajo. El matrimonio surgido de aquella relación establecería su explotación y su hogar en Huerta Solana.

Fruto de aquella mezcla de sangres entre familias vecinas de campesinos nacería Francisco Sánchez Corado, el primogénito de cinco hermanos. Francisco, conocido como Paco el de la Huerta, hincaría sus raíces en este lugar, heredando el amor por los animales y el campo. Tomó las riendas de ambas fincas, herencia de sendas líneas parentales —el cortijo Corado y Huerta Solana—, y aún hoy continúa regentando con serena veteranía. Hace ya tiempo que las bautizó. Para él son simplemente la finca de arriba y la finca de abajo, para qué complicarse.

Las conversaciones con Paco el de la Huerta, el ganadero ilustrado, son siempre muy fructíferas. Hombre de honda sabiduría, gusta de compartirla. Dicen de él que suelta más sustancia que una gallina vieja en el caldo.

—En esta finca de Huerta Solana nació mi padre, y aquí nos hemos criado todos —recuerda hoy a sus ochentaisiete años.

* * *

Larga tradición equina cultivó la familia en esta finca. Antonio Sánchez, padre de Paco, ya tenía yeguas en su explotación, y las dedicaba a procrear. Para decepción de estas, en lugar de apuestos garañones pura sangre de alta cuna, debían contentarse con unos galanes de poca monta y baja alcurnia. Y es que sus sementales no eran otros que simples asnos. Aunque para ser justos, estos se enmendaban en desempeñar su función lo mejor que podían. Y mal no debían hacerlo, pues buena crianza de recentales engendraban cada año. El destino de esta explotación era el negocio de la producción de mulos. Los nietos de Antonio aún recuerdan hoy grabada en su memoria aquella vibrante imagen de trotes y relinchos.

*Tracción animal en su más pura esencia. Los mulos se utilizaron para labrar con tesón los campos [Foto: Tony Smallman]*

—Antiguamente la ganadería caballar era muy necesaria, porque no había mecanización.

Cuenta Paco con paternal actitud pedagógica.

—Durante el verano se utilizaban las yeguas para trillar, incluso las que estaban preñadas. Y los mulos nacidos de aquellos vientres venían a constituir el medio de trabajo que imprimió la fuerza y energía necesaria para el laboreo de los campos. Eran los verdaderos motores del campo.

*Tras el duro trabajo una buena siesta [Foto: Tony Smallman]*

Más tarde, todo aquel mundo equino en los campos acabaría para siempre cuando irrumpieran con fuerza por estas tierras las máquinas destinadas a realizar las labores de la tierra, como bien recuerda Paco.

Dos burros sementales eran suficientes para cubrir toda la producción. Pero aquellos animales nacidos de madre de alta alcurnia y padre achaparrado y rudo, eran muletos asalvajados. Para ser utilizados por los hombres del campo debían pasar un proceso: debían ser domados, desbravados en la propia explotación. Llegó a ser tal la calidad producida y tan alta la demanda de aquellas bestias, que llegaban buscándolas compradores procedentes de otras regiones españolas. Las hembras domadas eran adquiridas directamente por compradores extremeños venidos de Tierra de Barros, que habían clavado sus ojos en estos excelentes animales. Y, por otro lado, los mulos castrados se los quitaban de las manos los campesinos locales del entorno de la granja.

* * *

Paco bien recuerda cómo se trillaba con las bestias. El proceso de la trilla tenía su arte y su técnica. Eran cobras de yeguas o mulas conformadas por cuatro animales. La que pisaba cerca del mozo de trillo era la yegua "de mano", y la más distante la yegua "de cabo", situada al exterior del redondel de la era.

Si eran mulos los que conformaban el tiro, las hembras se ubicarían en los exteriores, y dos machos ocuparían el interior.

Se recrea nuestro ganadero contando con detalle el proceso para lograr domar aquellos mulos para la trilla. Se enganchaban entre sí varias cobras de yeguas, que comenzaban a dar vueltas como en un carrusel que gira y gira sobre la alfombra dorada de espigas de trigo. Y en ese preciso momento se introducían los mulos en medio de aquel barullo en movimiento que, desorientados, se veían envueltos por el tumulto. Las cuatro yeguas de cabeza hacían de frontera impidiendo a los mulos novatos que se adelantaran, mientras la cobra trasera los obligaba a avanzar si no querían verse arrollados.

—Se tenían que entregar —espeta Paco—, poniéndose los mulillos a dar vueltas entre sendas columnas de yeguas. Tras un día entero de trasiego, acababan agotados, siendo entonces sumamente sencillo su manejo.

Superada la primera fase, pasaban a la segunda parte del proceso de doma: el arado. Así, de aquella escuela equina saldrían al fin sobradamente preparados para realizar las labores del campo.

Al consumarse el tiempo del arado —allá a últimos de diciembre y entrado enero—, una vez terminada la sementera se apartaban las mulas y se las alimentaba a conciencia, cuidándolas como reinas para lo que a continuación iba a suceder. Era el momento esperado. Comenzaban a llegar al lugar para examinar el resultado de tan ardua enseñanza.

Era un jurado harto exigente, los compradores, interesados en adquirir aquellas excelentes mulas. La mayor parte de ellos procedía del municipio de Campanario, en Badajoz. En algún bendito momento hubieron puesto sus ojos en las acémilas que aquí nacían, en Huerta Solana, al meridión del Torcal.

—Y bien que las pagaban —recuerda hoy Paco, satisfecho.

Sus mulas eran muy valoradas. Fruto de la yegua española y del asno garañón, fuerte y corpulento, eran muy resistentes para el tiro en el trabajo de campo, y mansas con creces, lo que las hacía de fácil manejo. Se las rifaban y disputaban compradores venidos de lejos. Los Corado no necesitaban llevar sus acémilas a las ferias ganaderas; los interesados arribaban ansiosos a la Huerta, atraídos por la calidad del producto. Les quitaban las riendas de las manos.

Ansiaban exclusivamente hembras, ideales para el tiro, que destinaban para los "brabanes", aquellos arados con ruedecillas que arrancaban con profundidad la tierra, tirados por dos pares de bestias.

Un buen día cruzaba la puerta uno de aquellos mercaderes de bestias, invitado a acceder a la granja. Accedía a los establos y comenzaba a evaluar con ojo de cirujano cada aspecto de las mulas. Una vez que el apretón de manos cerraba el trato, el transaccionista fijaba la fecha en que las quería montadas al tren, llenando de bestias aquellos vagones que saldrían rodando hacia tierras extremeñas.

Y es que hasta veinticinco animales podían criarse cada año en la finca, nacidos de los fértiles vientres de aquella treintena de yeguas ávidas de traer al mundo sanos retoños. La mitad de aquellos recentales, unas diez o quince acémilas, constituían las demandadas mulas de trabajo con que anualmente se fletaba aquella vibrante caravana equina. Las fincas vecinas harían tanto de lo mismo. De las diferentes explotaciones repartidas por doquier brotaban nuevas partidas de sangre equina joven dispuestas a repoblar los campos y labrantíos de sanos animales de labranza.

Era muy esperado aquel día del año. La alegre comitiva salía por las puertas de la huerta. No podía ser más pintoresca: a la cabeza la "guía", una yegua experimentada en estas lides, conocedora a la perfección, hasta con los ojos vendados, del recorrido a realizar. Desde El Torcal bajaba seguida en larga procesión por la decena sobrada de jóvenes muletos, avanzando sin ataduras, libres de ronzal alguno que las amarrase. Atendían todos ellos al sonoro tintineo de la campanita que prendía del cuello la lideresa.

*Peregrinando tras la yegua guía a través de la sierra [Foto: Tony Smallman]*

Una treintena de kilómetros y las bestias hacían su entrada triunfal en la estación ferroviaria de Bobadilla. El tren las estaba esperando. Abierto el portón corredizo, ascendía la rampa aquella briosa yegua, cabestro que iría seguido por sus incondicionales feligresas. Solo restaba hacer bajar a la despierta capitana, tirada de la cabezada por el mulero, quien supervisaba toda la operación, y el cargamento ya estaba listo en el interior del vagón.

La satisfecha yegua, sabedora tal vez de la redonda operación que acababa de orquestar, arrancaba, cabeza bien alta, para encaminar sus pasos libre de cabezadas y amarres. Por sí sola, pues no precisaba de nadie, volvía a su hogar al pie de las montañas, en la fértil granja que la vio nacer, la Huerta Solana.

A su espalda dejaba el tren, que pitaba con fuerza, tirando de los vagones ganaderos cargados hasta los topes con aquella mercancía de sangre. Arrancaba una singladura por la vieja geografía de aquellos territorios de antaño. Aquel tren de las mulas vivió durante años una muy intensa actividad.

Dicen que la primera impresión que causa una persona denota en esencia su verdadera identidad. El brillo en sus ojos y la mirada transparente y directa denotan bondad, la de Francisco Sánchez. Un hombre bueno. Ama todo lo que ha sido en su vida y también lo que aún hoy es.

Paco el de la Huerta denota sabiduría en sus palabras. Comparte con generosidad cuanto aprendió en sus largos años de veterinario y ganadero al pie del Torcal. Desde pequeño siempre se dedicó a su pasión, el proceloso mundo de los animales, la granja y la tierra. Es lo que siempre hicieron sus padres y antes sus abuelos.

—Lo he vivido desde chico... el contacto con la granja y los animales, y toda esta evolución.

Tal vez los medios hayan cambiado mucho con el paso del tiempo, pero la esencia permanece.

—Mi padre tuvo la visión de darnos carrera a todos —cuenta este ganadero ilustrado.

Hubo un tiempo en que la figura del veterinario titular fue autoridad para los convecinos que criaban ganado. Cada pueblo tenía uno. Y hasta tres llegaron a tener, según su tamaño. Unos cuatro o cinco llegaron a haber en Antequera. Auténticos custodios de la sanidad animal. Con el tiempo se irían perdiendo. Hoy ya no queda nada de ellos. Francisco fue uno de aquellos técnicos sanadores de bestias, saltando de granja en granja por todo el norte de la provincia de Málaga.

Con el devenir de los años, se instituyeron en su lugar las llamadas Asociaciones de Defensa Sanitaria Ganadera. Vacunaciones, documentación animal y guías sanitarias se cuentan hoy entre sus labores.

*   *   *

En las inmediaciones de la Boca del Asno, allá donde se pone el sol, se erige un peñasco de cuyo pie mana un agua "aceitosa". Con tal propiedad la describen todos cuantos conocieron desde siempre tan curioso manantial. Cuenta Paco el de la Huerta que por estos pagos se le llama al líquido que aquí brota, como agua arrumblá. Dicen que el hierro que contiene en su interior produce una suerte de nata en la superficie que se asemeja al aceite. En las escrituras reza este enclave como Peñón de Manaceite.

Estos predios pertenecieron al padre de Paco. Los adquirió hará más de setenta años. Aún conserva grabado en su memoria el momento en que su progenitor estrechaba enérgico su mano con el anterior propietario, y firmaban escrituras para hacerse con tan venturosa propiedad.

A la muerte del patriarca, tocó partir la vieja heredad. Dos de sus vástagos, hembra y varón, la recibieron de herencia. El varón, Antonio Sánchez, contaba aún con corta edad para tamaña aventura, de modo que fue su hermano el mayor, Paco, quien tomaría inicialmente las riendas y emprendería la gestión de la finca, labrando con sus manos aquel viejo terruño.

Con el paso del tiempo, Antonio Sánchez se pondría al mando de Manaceite. Aquel farmacéutico de profesión tenía un sueño. Desde siempre hubo fijado sus ojos en un hermoso animal: el caballo. Terminaría implantando una floreciente yeguada en la finca. Para ello, dio un salto a tierras sevillanas, y allá en el cortijo de Las Campanas adquirió sus primeras yeguas, siete alegres potrillas que al poco estaban pastando

*Aquellas yeguas de los inicios darían lugar, con el paso del tiempo, a una floreciente yeguada de prometedores animales [Foto: Tony Smallman]*

entre trotes y relinchos al sur del Torcal. Aquellos genes primordiales constituirían la base del linaje de generaciones de equinos que aún perviven a este lado de la sierra.

Cuatro décadas después todavía recuerda aquella compra, como si fuese ayer, el que fuese por entonces pastor del antiguo molino del Nacimiento de La Villa, José María Caro. Este se convertiría a la sazón en el yegüerizo que recibió la encomienda de cuidar con extremo esmero aquellas preciadas potrancas.

Años más tarde, a la temprana edad de cincuentaicinco años, Antonio Sánchez se despediría de este mundo para siempre, dejando realizado su viejo sueño. Aquella ganadería equina goza hoy de un gran prestigio, y en sus cuadras ven la luz portentosos ejemplares que viajarán a diferentes rincones del mundo destinados a la práctica de la equitación.

Vigorosos caballos han nacido aquí del vientre de sus fértiles yeguas. Jascal y Jucantu fueron los vástagos de Enjambre, el gran semental de brioso trote. Señorito y Jubiloso compiten también por ser los machos de la manada, aunque el elegido que destacó fue Puntero que, haciendo honor a su nombre, alcanzaría portentoso el metro sesenta de alzada.

*Aquellos briosos pura sangre no pudieron elegir un lugar más hermoso como escenario para vivir.*
*[Foto: Tony Smallman]*

# EPÍLOGO

En el ocaso de la primera mitad del siglo XX se firmaba el final de una época en esta montaña de las torcas.

Las cuevas y abrigos que un día sirvieron de refugio a picapedreros, pastores y huidos de la justicia conservarían en su interior el alma de cuantos algún día los habitaron.

Aquellos genuinos pastores de raza de entonces terminaron desapareciendo para nunca más volver, y con ellos un modo de vida y una forma de trabajo entregada y sin resuello.

Los grandes propietarios de antaño venderían sus vastas fincas. Y los pastores que ayer obedecían sus órdenes, iniciarían entonces una nueva singladura al frente de sus propios rebaños.

La emigración forzada había hecho que muchos marchasen y el campo envejeciese. Dejaron de oírse los cánticos y danzas antiguas que desde tiempo inmemorial resonaron a los pies sureños de la sierra, en forma de verdiales que por largo tiempo dejarían de tañer.

La sierra se abría a un turismo moderno a lomos de una nueva carretera que atravesaba hoyando el corazón prístino del Torcal. Los tiempos de Sietecuellos y el Chirri quedaban atrás para siempre.

Sin embargo, arrancando la década de los sesenta del pasado siglo, y a pesar de los severos cambios que acaecían, un puñado reducido de descendientes de los antiguos moradores serranos les tomaron el relevo. En los años venideros, los hijos de aquellas sagas —las de los Parrón, Corado, Patarra, Capacha y Culón— continuaron sobreviviendo sobre la faz de esta sierra, arrancándole a sus resecos terruños hasta la última brizna de vida. Continuarían así protagonizando nuevas aventuras, abriendo un nuevo capítulo trufado de vivas historias contemporáneas impregnadas de lana y tierra. Historias que merecen ser contadas y que conforman el contenido de nuevos episodios venideros.

# BIBLIOGRAFÍA

Aguilar, I. (1 de febrero de 2013). Atlas del Patrimonio Inmaterial de Andalucía. Informe Final. Fase 2. Zona 9. Comarca de Antequera, Málaga. Instituto Andaluz del Patrimonio Histórico. https://hdl.handle.net/11532/332052.

Aguilera, P. (1 de noviembre de 1929). La sierra antequerana: las maravillas de El Torcal. *Revista Mundo Nuevo.*

Antequera en la Segunda República. (10 de agosto de 2022). Mes de Noviembre Año 1936. "Batallón de Voluntarios de Antequera". Facebook. https://m.facebook.com/story.php/?story_fbid=449002753776184&id=104078311601965

Archivo Histórico Municipal de Antequera. Fondo Fotográfico. https://archivo.antequera.es/ms-opac/doc-collection/?idCollection=52

Benítez, J.A. (2010). *Al Sur del Torcal: un rincón de Andalucía,* Arguval.

Campos, J.(2018). El Torcal de Antequera declarado Bien Natural de Interés Nacional en 1929. *Apuntes históricos de la Antequera contemporánea,* pp. 173-190, ExLibric.

(26 de noviembre de 2016). Apuntes históricos de Antequera. Excursionistas en El Torcal en las primeras décadas del siglo XX. *Periódico La Crónica.*

Caro, J. (1962). Málaga vista por los viajeros ingleses de los siglos XVIII y XIX. *Gibralfaro: revista del Instituto de Estudios Malagueños,* n⁰ 14, p.7.

De Cabrera, F.(1679). *Descripción de la fundación, antigüedad, lustre, grandezas de la muy noble ciudad de Antequera.*

Galeote, M. (30 de Junio de 2005). Figuras de la poesía improvisada en Andalucía. *Analecta Malacitana Electrónica*, nº17. http://www.anmal. uma.es/numero17/Galeote.htm.

García, F. (1989). Escuelas rurales. *Patronato Mixto de Educación Primaria. Obispado de Málaga.* Redined: Red de Información Educativa. https:// redined.mecd.gob.es/xmlui/handle/11162/90512.

González, C. (2012). *Lecturas del Torcal de Antequera*, Ediciones del Genal.

"Grupo de Voluntarios de Antequera". (30 agosto 1936). *El Sol de Antequera*, nº 665, p.5.

"La partida de la sierra. Detención del Chirri y otros complicados". (6 de diciembre de 1931). *El Sol de Antequera*, nº 421, pp. 4 y 5.

Martín, A. (1989). *Raíces y Costumbres verdialeras*. Autoedición.

Martínez, G. (2020). *Un cambio de verdad. Una vuelta al origen en tierra de pastores*, Seix Barral.

Martínez, L. (28 de agosto 1933). El maravilloso Torcal antequerano. *Periódico ABC.*

Monesma, E. *El aceite de enebro*, Pyrene. https://www.pyrenepv.com/aceite-enebro/

Monzón, A. (30 de marzo de 2019). 175 años de la Guardia Civil: la España que se puso el tricornio. El Independiente. https://www.elindependiente.com/tendencias/historia/2019/03/30/la-espana-que-se-puso-el-tricornio/

"Navidad ancestral en Jeva". (Diciembre de 2019). *Revista Somos.*

"Otra vez el famoso Chirri. Detención de tres individuos que formaban su partida". (5 de febrero de 1933). *El Sol de Antequera*, nº 482, p.8.

Parejo, J.A., y Camacho, R. (2008). *El Antiguo convento de la Magdalena de Antequera: historia y patrimonio. 1568-2008,* Grupo Antequera Golf.

"Robo en despoblado". (30 de junio de 1918. Reeditado en 2018, en su 100 Aniversario). *El Sol de Antequera*, nº 1.

Romero, M. y Salazar, J. (2005). *El hombre y El Torcal de Antequera,* Aneax.

R.P.J. (23 de marzo de 1924). El Torcal y el partido de la sierra ¿tendrá al fin camino? ¿será ya hora de que se les atienda? *El Sol de Antequera,* n.º 19, pp. 2-3.

Sánchez-Garrido, J. L. y Salazar, M. (2020). *Las últimas mantas de Antequera,* ExLibric.

Sepúlveda, L.(2008). *La Lámpara de Aladino,* Barcelona, Tusquets Editores.

(1995). *Patagonia exprés,* Tusquets editores.

[Sobre el episodio de extorsión del Chirri]. (8 de noviembre de 1931). *Diario El Popular.*

[Sobre las detenciones de la Guardia Civil al Chirri]. (Marzo de 1933). *Revista de la Guardia Civil,* nº. 277.

Varo, M.A. (Antequera Oculta). (2 de octubre de 2020). Joseillo Cuencas, maestro torcaleño. Youtube. https://www.youtube.com/watch?v=-0gCm6Wb3W-8

(27 de mayo de 2020). El Pilón de la Cruz: El punto de agua más importante de El Torcal de Antequera. *El Sol de Antequera.*

# AGRADECIMIENTOS

La mitad del libro se la debo a las inigualables imágenes tomadas por el ojo profesional de Tony Smallman, el retratista de los pastores. Supo captar la expresión, la mirada y los silencios de los protagonistas de estas historias. Mi más sincero agradecimiento por la cesión desinteresada de sus instantáneas.

David González, de Senderosur, desplegó su plano del Torcal y me ubicó casillas y fincas junto a sus moradores. De allí salí, mochila al hombro, a visitarlos. Uno me llevó al otro hasta completar el puzle.

Porque el alma de estas historias la conforman sus verdaderos protagonistas. Estos, ante mis preguntas en plena sierra, abrieron su corazón y, con una paciencia infinita, me contaron sus vidas a lo largo de las diferentes entrevistas a las que los sometí. Se trató de personajes como Lorenzo el Caqui, Alonso Martín, Antonio Ligero y familia, los ganaderos Cristóbal y Francisco León, el capataz Diego González, Francisco Raíces el Blas, Pepe Parrón, José Florido el Talango, Juan Pozo, Ángel Muñoz, Juan Manuel Melero, Antonio Vegas el Culón, el Lucas, el ganadero Francisco Sánchez Corado y su hijo el profesor Antonio Sánchez, Juan Pinazo, José María Caro, Isabel Domínguez, Cristóbal Morales, Paco Puro y Pepe el Lagarto. Vaya por ellos esta obra.

Al hábil ojo de José Antonio Rodríguez le debo la inigualable mejora técnica de las imágenes. Y a Jorge Rodríguez sus interesantes orientaciones y sugerencias. No había semana en que ambos no se interesasen por los avances del libro.

Pepe Galán me contó historias de algunos personajes, presentándome a más de uno. Y Julio Carralero me facilitó el contacto con técnicos pertinentes. Mari Ángeles Cabello tuvo la deferencia de acompañarme en algunas visitas de campo, dándome a conocer a algún que otro personaje. Entre ellos a Juan Chamizo, el artesano de los cencerros, quien me abrió con nobleza las puertas de su taller y también las de sus profundos conocimientos.

Fernando del Pino me facilitaría bibliografía, proponiéndome interesantes ideas. Pero sobre todo nunca dejó de insuflarme ánimo para seguir adelante con el proyecto.

Y lo que fue fundamental y definitivo: la redacción y composición del texto no serían en absoluto lo que son sin la concienzuda revisión y acertadas correcciones de Juan Campos, así como los inestimables consejos cargados de experiencia de Toni Cifuentes.

## LA SIERRA ESTABA TRISTE

*Año 2024. Fue a comienzos de octubre.*

*La tarde estaba más oscura. Los días del otoño eran más cortos.*

*Un vacío llenaba la sierra.*

*Lorenzo el Caqui, el viejo pastor de El Torcal, acababa de morir.*

*Con él se nos fue una parte esencial de la historia.*

*Aquel día, la sierra parecía un poco más triste.*